ACCEPTER SON CORPS

D1730318

ACCEPTER SON CORPS

21 jours pour retrouver le plaisir de se regarder

Marie Russo

SOMMAIRE

GÉNÉRALITES

Tout le monde rêve un jour ou l'autre d'avoir un corps parfait, surtout quand il s'agit d'un corps athlétique et bien formé…

Certaines personnes pensent par exemple à perdre du poids en ayant recours à des solutions parfois dangereuses, le tout dans la poursuite de la perfection… Mais qu'est-ce qu'un corps parfait ? La réponse est simple : il n'existe pas.

Le plus grand secret pour accepter le corps est de s'aimer à sa manière. Ce n'est pas facile, mais à partir du moment où vous ne vous acceptez pas, vous vous lancez à la recherche d'idéaux inaccessibles, créant ainsi un chemin vers des frustrations futures, une faible estime de soi, des angoisses et des dépressions...

1. Comprendre les causes du manque d'acceptation

La première étape pour démarrer le processus d'acceptation de votre propre corps est de comprendre pourquoi vous ne l'acceptez pas.

Certaines personnes ont beaucoup de mal à s'accepter pour des raisons de santé et d'estime de soi, car elles ne pensent pas être assez belles pour les standards de beauté imposés par la société ou pour de simples raisons esthétiques.

Réfléchissez et identifiez vos raisons.

2. Comprendre quand cela affecte votre santé

Lorsque nous parlons d'affecter la santé, nous faisons référence à la santé physique et mentale.

Le manque d'acceptation de son propre corps a de graves conséquences pour les gens.

Alors que certains finissent par développer des problèmes psychologiques comme la dépression et l'anxiété, d'autres finissent par prendre ou perdre trop de poids.

Cherchez à comprendre dans quelle mesure cela affecte votre santé et demandez l'aide de professionnels si besoin.

3. Comprendre les limites de votre corps

Lors du processus d'acceptation de son propre corps, il est normal de demander l'aide de professionnels, tels que des psychologues.

D'autres personnes préfèrent rejoindre des salles de sport pour améliorer leur santé physique et mentale.

Dans ces cas, il est essentiel de comprendre les limites de votre corps. Recherchez des exercices qui vous conviennent et qui correspondent à vos capacités actuelles.

4. Ne faites pas de comparaisons

C'est peut-être l'un des plus grands problèmes et causes du manque d'acceptation du corps lui-même.

Sans aucun doute, nous vivons dans une société où chacun compare toujours son corps à celui des célébrités sur les réseaux sociaux ou à celui de personnes qui ont des métabolismes complètement différents.

Gardez à l'esprit que vous êtes différent des autres, mais qu'il est possible de s'accepter de la même manière.

5. Ne vous inquiétez pas des changements d'âge

L'âge touche absolument tout le monde. Chaque jour qui passe, nous vieillissons et notre corps subit des transformations inévitables.

Il est normal de se rendre compte que le temps passe et que vous ne rentrez plus dans ce vêtement que vous portiez il y a 10 ans ou que vous ne pouvez plus faire un exercice avec la même mobilité.

Alors, profitez de votre maturité et apprenez à la valoriser.

Tout au long de la vie, nous passons par plusieurs processus difficiles, comme accepter notre propre corps. Tout d'abord, essayez de comprendre pourquoi vous n'êtes pas satisfait.

Comprenez les limites de votre corps, évitez de faire des comparaisons avec d'autres personnes et, surtout, ne vous souciez pas tant des changements d'âge.

Le fait est qu'à moins d'apprendre à s'aimer avec des imperfections et des "défauts", il vous sera difficile d'atteindre vos objectifs à bon escient.

Si toute votre recherche du "corps parfait" est basée sur des pensées négatives et des normes imposées par la société, alors ce processus d'acceptation est presque impossible.

Y a-t-il un secret pour rechercher l'acceptation de soi ?

Ainsi, lorsque vous pensez au "corps idéal", la seule personne qui doit en être satisfaite, c'est vous.

Oubliez les patrons, les magazines et les réseaux sociaux. Peu importe ce qu'est votre corps et ce que les médias veulent vous vendre pour faire du profit, il a besoin de votre acceptation, de votre affection et de vos soins.

Dans cette optique, nous avons séparé quelques techniques pour vous permettre d'accepter votre corps, de vous sentir de plus en plus en fier de ce dernier et d'avoir plus de LIBERTÉ DE MOUVEMENT !

Soyez gentil avec votre corps.
Admirez-vous.

Trouvez votre fonction préférée dans le miroir. Cela pourrait être vos cheveux, vos yeux, votre sourire, peu importe ! L'important est de ne pas quitter le miroir tant que vous n'avez pas trouvé cette fonctionnalité.

Pourquoi cet exercice est-il important ? Parce que parfois votre perception de la réalité peut nuire à votre image, et donc, compromettre votre confiance en vous et votre estime de soi.

L'estime de soi est le meilleur secret de la beauté. Quand on s'aime, il n'y a aucune raison de ne pas prendre soin de soi, de s'habiller et de manger sainement.

Appréciez vos avantages

Tout le monde a évidemment des avantages, et savoir les reconnaître est essentiel pour votre estime de soi. La vérité est que savoir valoriser vos atouts peut changer votre relation avec votre corps et avec les gens qui vous entourent. Lorsque vous comprendrez cela, la vie deviendra plus légère, plus colorée et plus agréable.

S'aimer soi-même est le plus grand secret pour accepter toutes les vulnérabilités et tous les défauts, après tout, ce sont eux qui font aussi votre singularité.

Son histoire, ses marques, ses défauts et ses vertus le distinguent, et ce sont ces caractéristiques qui le rendent spécial pour ceux qui l'entourent.

L'acceptation et les soins personnels doivent commencer par vous !

Faire de l'exercice

L'exercice physique n'est pas uniquement destiné à faire perdre du poids ou à but purement esthétique pour le corps, il permet aussi d'entretenir la santé, y compris la santé mentale !

Sachez que l'exercice est essentiel pour améliorer le système immunitaire et prévenir les maladies graves.

Par ailleurs, l'exercice physique libère aussi des endorphines, qui sont des hormones saines qui contribuent (beaucoup) au bonheur ! Avez-vous déjà entendu l'expression « la beauté vient de l'intérieur » ? Eh bien, il n'y a rien de plus réel que cela.

Partie I

IDENTIFIER LES CAUSES DE LA NON ACCEPTATION DE SON CORPS

Si vous consultez Instagram ou Facebook chaque fois que vous avez un peu de temps, vous êtes loin d'être seul.

Mais vous êtes-vous déjà demandé comment toutes ces images du corps d'autres personnes - qu'il s'agisse d'un cliché des vacances d'un ami ou d'un selfie de gym d'une célébrité - pourraient affecter la façon dont vous percevez votre propre image ?

Beaucoup a été étudié au fil des ans sur la façon dont les médias grand public présentent des normes de beauté irréalistes sous la forme de célébrités photoshoppées ou de mannequins extrêmement maigres. Maintenant que les influenceurs remplissent nos réseaux sociaux, il est facile d'imaginer que ce média est également néfaste en matière d'image corporelle.

Mais la réalité est plus subtile, et il peut y avoir des façons d'organiser votre flux Instagram de manière à vous sentir plus heureux dans votre propre peau - ou du moins, d'une manière qui vous empêche de vous sentir plus mal.

Impact visuel

La recherche sur les réseaux sociaux et l'image corporelle en est encore à ses débuts et la plupart des études sont corrélationnelles.

Cela signifie que nous ne pouvons pas prouver si, par exemple, Facebook amène quelqu'un à avoir des sentiments négatifs à propos de son apparence, ou si les personnes qui sont préoccupées par leur apparence sont plus susceptibles d'utiliser Facebook. Cela dit, l'utilisation des réseaux sociaux semble être liée à des préoccupations concernant l'image corporelle. Une revue systématique de 20 articles publiés en 2016 a identifié que les activités basées sur la photo, comme le défilement sur Instagram ou la publication de photos de soi, sont particulièrement problématiques lorsqu'elles s'accompagnent de pensées négatives sur son propre corps.

Mais il existe de nombreuses façons d'utiliser les médias sociaux. Consommez-vous simplement ce que les autres publient, ou modifiez-vous et téléchargez-vous des selfies ? Suivez-vous des amis proches et votre famille, ou une longue liste de célébrités et d'influenceurs ?

La recherche indique que les personnes auxquelles nous nous comparons uniquement physiquement sont la clé du problème.

"Les gens comparent leur apparence aux gens sur des images Instagram, ou quelle que soit la plate-forme sur laquelle ils se trouvent, et ils finissent souvent par se juger inférieurs".

Dans une enquête auprès de 227 étudiants, les femmes ont déclaré qu'elles avaient tendance à comparer négativement leur apparence à des amis éloignés et à des célébrités, mais pas aux membres de leur famille, lorsqu'elles naviguent sur Facebook. Le groupe de comparaison qui avait le lien le plus fort avec les problèmes d'image corporelle était constitué d'amis ou de connaissances éloignés.

Des recherches ont montré que regarder des célébrités faisait que les femmes participantes se sentaient mal dans leur corps – mais voir des images de personnes familières a un lien encore plus fort avec les inquiétudes.

Cela est loin d'être lié au fait que les gens présentent une version unilatérale de leur vie sur les réseaux. Si vous connaissez bien une personne, vous saurez qu'elle ne montre que ses meilleurs côtés, mais s'il ne s'agit que d'une "connaissance", vous n'aurez aucune autre information pour évaluer ces images.

Influence négative

En ce qui concerne le cercle plus large des influenceurs et des profils que vous suivez, tous les types de contenu ne sont pas égaux.

La recherche montre que les images de "fitspiration" en particulier celles qui présentent généralement de belles personnes faisant de l'exercice, ou du moins faisant semblant d'en faire, peuvent vous faire vous juger de manière plus rigide.

En regardant les citations d'auto-compassion sur les réseaux sociaux, les gens se sentent mieux dans leur peau.

Une autre étude, publiée plus tôt cette année, impliquait d'exposer 195 jeunes femmes à du contenu positif pour le corps, publié par des comptes de médias sociaux populaires comme @bodyposipanda, ainsi qu'à des photos montrant des femmes minces en bikini ou en tenue de sport, et des images neutres de la nature. Les chercheurs ont découvert qu'exposer les femmes au contenu #bodypositive - littéralement traduit, est un mouvement de médias sociaux qui cherche à promouvoir l'amour de soi et la pluralité de la beauté -

d'Instagram semblait augmenter la satisfaction qu'elles ressentent avec leur propre corps.

Ces deux choses ensemble (messages d'auto-compassion et #bodypositive) commencent à démontrer qu'il pourrait y avoir du contenu qui est vraiment utile pour l'image corporelle.

Mais il peut aussi y avoir un inconvénient aux images corporelles positives : elles se concentrent toujours sur le corps. La même étude a révélé que les femmes qui voyaient des photos corporelles positives s'objectivaient toujours.

Cela a pu être observé lorsque les participantes ont été invités à écrire 10 phrases sur eux-mêmes après avoir regardé les images. Plus les phrases étaient axées sur l'apparence plutôt que sur les compétences ou la personnalité, plus le participant a obtenu un score élevé en matière d'auto-objectivation.

Lorsque les participantes à l'étude ont vu des messages positifs sur leur corps, elles se sentaient mieux dans leur peau, mais il y avait un hic.

Cela signifie que lorsque quelqu'un écrivait *"Je suis belle"*, le commentaire finissait par être inséré "dans le même gâteau" de choses négatives que les gens disaient sur leur corps. Cependant, ces personnes peuvent avoir une vision plus large de l'origine de leur beauté, y compris des attributs intérieurs et physiques.

En tout cas, cette fixation à l'apparence est une critique de ce mouvement d'une vision positive du corps qui semble valable. "Il s'agit d'aimer son corps, mais l'accent est toujours mis sur l'apparence" :

1. Votre corps est votre temple ; aimez-le et vous serez beaucoup plus disposé à prendre soin de lui et à le garder en bonne santé, de quelque manière que ce soit ;

2. La beauté a toujours été relative et non standard. Ce qui est beau pour certains ne l'est pas pour d'autres. Alors : trouvez la beauté en vous !

3. Les avis externes sont rarement donnés en fonction de notre propre réalité et vous n'en avez certainement PAS besoin ;

4. N'oubliez pas : vous êtes beau/belle comme vous êtes ! Tirez-en le meilleur parti et mettez-le en valeur auprès du monde et de vous-même ;

5. Apprenez que la sécurité, comme l'insécurité, naît de l'intérieur. Sentez-vous en sécurité dans ce que vous êtes et aucune critique extérieure ne vous frappera ; c'est comme un mur de briques très solide, que nous construisons peu à peu en nous-mêmes ;

6. Vous ne voulez pas ressembler à quelqu'un de particulier, vous souhaitez seulement être VOUS. Unique, spécial et merveilleux comme vous seul êtes ;

7. L'âge, le poids idéal, la peau parfaite et d'autres facteurs superflus ne doivent pas être des paramètres pour votre auto-évaluation. Vous êtes la seule personne qui doit approuver ce qui est parfait ou non en vous – et vous devez TOUJOURS vous approuver ;

8. S'aimer tel que l'on est ne signifie pas que l'on n'a pas besoin d'essayer de s'améliorer, mais seulement dans la limite de ce dont VOUS SEUL pensez avoir besoin. Cependant, ne soyez pas si strict avec vous-même ;

9. "Aimez-vous par-dessus tout" est le commandement n°1 de l'estime de soi et de l'amour de soi. Cultivez-le !

10. IGNOREZ complètement les commentaires critiques qui sont destinés à établir une sorte de norme sur vous : ils ne vous intéressent pas et vous n'en avez pas besoin pour décider SI vous devez améliorer quelque chose et SI vous voulez vous améliorer. **Votre avis est le premier et le seul qui compte.**

Chapitre 1 :
Le Piège De La Dysmorphophobie

Le trouble de la dysmorphie corporelle, également appelé dysmorphophobie ou BDD, consiste en la perception déformée que le sujet a de son image de soi, de son image corporelle.

Il s'agit d'un trouble relativement courant, souvent aux conséquences graves et invalidantes. Le trouble de la dysmorphie corporelle est principalement caractérisé par une préoccupation excessive, exagérée et déraisonnable à l'égard d'un défaut corporel minime ou, dans certains cas, d'un défaut imaginaire d'apparence.

La plupart des patients présentent un certain degré d'altération du fonctionnement social et professionnel à la suite de plaintes obsessionnelles concernant certaines caractéristiques de l'apparence physique, que ce soit la silhouette, la peau, les cheveux ou tout autre facteur qui provoque ce fort sentiment d'inadéquation au sujet. Et parce qu'ils se sentent insuffisants, ils peuvent développer des comportements obsessionnels et compulsifs pour affronter et atténuer la souffrance intrinsèque. Dans les cas les plus graves, il existe même un risque de suicide. Par conséquent, souligne-t-on, il s'agit d'un grave problème de santé mentale. Il ne faut pas le sous-estimer ou le minimiser, en blâmant le sujet ou en le pressant de « ne pas accorder d'importance aux bagatelles ».

Le patient BDD présente une critique altérée, c'est-à-dire une manière déformée de percevoir sa propre réalité car il ne reconnaît pas son défaut comme minime, voire inexistant, et finit très souvent par rechercher un traitement esthétique plutôt qu'une aide psychologique.

Le trouble est répandu chez les patients de chirurgie dermatologique et esthétique et les procédures capillaires. Compte tenu de la forte prévalence chez les patients qui ont déjà recherché un type de traitement esthétique, la précision des professionnels pour l'investigation systématique, le diagnostic et l'orientation vers un traitement psychologique et psychiatrique est essentielle.

Comment savoir si nous sommes confrontés à un trouble mental ou simplement à une adaptation aux *diktats* sociaux, sous le mythe de la beauté esthétique avant toute valeur ?

La recherche d'un idéal de beauté comme guide des temps où ce qui est à la surface (de la peau, des courbes, des muscles ou des cheveux) semble déterminer et décider si le sujet mérite ou non d'appartenir au groupe sélect de ceux qui sont pleins et heureux.

Cependant, pour qu'aucune injustice ne soit commise ici, l'appréciation de la beauté et de l'apparence n'est pas née dans la postmodernité avec la façon dont nous regardons les autres et comment nous sommes vus par eux. Le souci de la beauté esthétique a toujours existé, uniquement avec des modèles et des références différentes, variant selon la culture actuelle et l'air du temps de chaque époque.

La norme de beauté est dans tout ce qui nous entoure, presque comme une sorte de modèle. Dès lors, rien n'est plus normal au sens de la norme, que d'appréhender et de reconnaître comme correct ce schéma d'existence.

Il s'avère que l'Homme est un être naturel, avant d'être social. Avant de former une civilisation et une culture, il est l'une des variétés d'espèces vivant dans la nature. Et dans la nature les êtres ne sont pas si uniformes, ils ne sont pas si standardisés, ils ne sont pas tous pareils. Ils ont différentes formes, tailles, couleurs, odeurs, textures. Leur peau, leurs cheveux, leur fourrure, leurs formes et leurs tailles sont également différents.

À partir du moment où les caractéristiques esthétiques, qui ne sont que des qualités mutables, des caractéristiques en soi, commencent à empêcher la personne de mener à bien ses activités quotidiennes, générant des rituels répétitifs et compulsifs (ce qui était auparavant un signe d'adaptation à la culture actuelle) alors l'individu se voit comme l'esclave d'une perception déformée de sa propre personne. La bonne nouvelle est qu'il y a des solutions. Et dans ce cas, les ressources ne sont pas exactement les teintures, les crèmes, les régimes ou le scalpel.

Parce face à la dysmorphophobie, même de telles ressources ne pourront pas faire disparaître les symptômes d'un trouble dont les racines sont dans la façon dont le sujet se voit, **de l'intérieur vers l'extérieur.**

Quelle valeur le sujet se donne-t-il ? Si l'existence repose uniquement sur un idéal de beauté, idéal dicté aux saveurs des cosmétiques d'une époque, il peut être difficile de suivre cette exigence. Et le prix à payer peut être la maladie.

Les êtres humains veulent être inclus, ils veulent être aimés. Alors peut-être que la question est de savoir si nous sommes plus que notre beauté. Réfléchir si notre valeur va au-delà de nos caractéristiques physiques. Après tout, contrairement à ce que montrent les filtres de traitement d'image, le sujet est bien plus que la simple couleur de vos cheveux.

La dysmorphie corporelle est un trouble psychologique dans lequel il y a une préoccupation excessive pour le corps, amenant la personne à surestimer de petites imperfections ou à imaginer ces imperfections, entraînant un impact très négatif sur son estime de soi, en plus d'affecter sa vie au travail, à l'école et dans la socialisation avec les amis et la famille.

Ce trouble affecte les hommes et les femmes de la même manière, en particulier à l'adolescence, et peut être influencé par des facteurs génétiques ou environnementaux. La dysmorphie corporelle peut être traitée de différentes manières, par exemple avec des séances de psychothérapie avec l'aide d'un psychologue ou d'un psychiatre.

Comment identifier les symptômes

Les personnes qui souffrent de dysmorphie corporelle sont trop préoccupées par l'apparence de leur corps, mais dans la plupart des cas, elles sont plus préoccupées par les détails du visage, comme la taille du nez, des oreilles ou la présence excessive d'acné, par exemple.

Les signes et symptômes caractéristiques de ce trouble sont :

- Avoir une faible estime de soi ;
- Faire preuve d'une préoccupation excessive pour certaines parties du corps ;
- Toujours se regarder dans le miroir ou éviter complètement le miroir ;
- Difficulté à se concentrer sur d'autres choses de la vie quotidienne
- Évitez la vie sociale ;

Les hommes atteints de dysmorphie corporelle présentent généralement des symptômes plus graves, étant plus préoccupés par leurs organes génitaux, leur corpulence et leur perte de cheveux, tandis que les femmes sont plus préoccupées par l'apparence de leur peau, leur poids, leurs hanches et leurs jambes.

Test rapide de dysmorphie corporelle

Si vous pensez souffrir de dysmorphie corporelle, répondez au questionnaire suivant pour connaître votre risque :

1. Vous souciez-vous beaucoup de votre apparence physique, en particulier de certaines parties de votre corps ?
2. Avez-vous l'impression que vous pensez beaucoup à vos défauts d'apparence et que vous aimeriez moins y penser ?
3. Avez-vous l'impression que vos défauts d'apparence vous causent beaucoup de stress ou qu'ils affectent vos activités quotidiennes ?
4. Passez-vous plus d'une heure par jour à penser à vos défauts d'apparence ?
5. Votre plus grande préoccupation est-elle liée au fait de ne pas vous sentir assez mince ?

Comment confirmer le diagnostic

Le diagnostic consiste en l'observation, par un psychologue ou un psychiatre, du comportement de la personne, à savoir la façon dont elle parle de son corps et la façon dont elle tente de cacher ses imperfections.

Dysmorphie corporelle et troubles alimentaires
Le trouble dysmorphique corporel est lié aux troubles de l'alimentation, en particulier l'anorexie mentale, dans laquelle la personne a également des difficultés à établir des relations avec les autres.

Les symptômes des deux troubles sont similaires mais un suivi à long terme par une équipe multidisciplinaire est important, car il existe une forte probabilité d'abandon du traitement dans les premiers mois.

Trouble dysmorphique musculaire
Le trouble dysmorphique musculaire, également connu sous le nom de vigorexie se caractérise par l'insatisfaction constante d'une personne à l'égard de son apparence musculaire, en particulier chez les hommes, qui ont généralement l'impression que leurs muscles ne sont pas assez gros.

Ainsi, la personne passe de nombreuses heures à la salle de sport et adopte un régime anabolisant afin de prendre de la masse musculaire, en plus de présenter des symptômes d'anxiété et de dysmorphie corporelle.

Causes possibles
On ne sait pas encore avec certitude quelles peuvent être les causes à l'origine de ce trouble psychologique, mais on pense qu'il pourrait être lié à une carence en sérotonine et être influencé par des facteurs génétiques et l'éducation de l'enfant, dans un environnement où il y a une préoccupation excessive avec l'image.

Comment se déroule le traitement ?

Généralement, le traitement de la dysmorphie corporelle se fait par des séances de psychothérapie, notamment par la thérapie cognitivo-comportementale.

La thérapie cognitivo-comportementale est une combinaison de thérapie cognitive et de thérapie comportementale, qui se concentre sur la façon dont une personne traite et interprète les situations pouvant générer de la souffrance.

Chapitre 2 :
Les Complexes Inhérents À L'enfance

Les complexes de l'enfance sont très fréquents. Au cours des premières années de la vie, la personnalité est définie, de sorte que les commentaires des autres peuvent affecter le développement émotionnel de l'enfant.

Pour se développer émotionnellement, un enfant a besoin de se sentir respecté et aimé. Pas seulement pour les parents, mais aussi pour les autres membres de la famille et les amis. S'il ne perçoit pas cet amour, il risque de faire face à des complexes dans l'enfance.

Dans le domaine de la psychologie, le mot « complexe » fait référence à ses croyances et à ses sentiments. Ils influencent souvent inconsciemment les modèles de comportement. Dans la plupart des cas, ils se développent en raison des expériences de l'enfance.

La façon de penser, d'agir et de se développer dans la vie est quelque chose de déterminé au cours des premières années de la vie.

Ainsi, lorsqu'il interagit avec d'autres personnes, l'enfant commence à faire face à de nouveaux défis, comme assumer des responsabilités scolaires ou rencontrer des enfants aux personnalités différentes.

Cela inclut également le fait de recevoir des critiques ou des moqueries, ce qui provoque beaucoup de pression. De telles situations contribueront au développement de complexes infantiles auxquels l'enfant devra peut-être faire face pour le reste de sa vie.

Les complexes les plus courants dans l'enfance

Une tâche très importante consiste à identifier si votre enfant a des complexes, car ils apparaissent dès le plus jeune âge. Si l'enfant ne parvient pas à les surmonter à temps, il est possible qu'elles marquent sa personnalité.

Complexe de supériorité

On peut le voir quand l'enfant pense qu'il est meilleur que les autres, y compris les parents et les autres adultes. Son comportement est autoritaire car il croit avoir autorité et pouvoir sur les gens qui l'entourent. De plus, il est égoïste et veut tout avoir pour lui sans se soucier des autres.

Un enfant avec ce complexe véhicule un sentiment de confiance en soi qui est totalement faux. Le complexe de supériorité est basé sur l'insécurité. Cependant, l'enfant essaie de cacher ses incertitudes en se montrant comme quelqu'un d'autosuffisant .

Complexe d'infériorité

Il est lié au point précédent. Lorsqu'il ne se sent pas en sécurité, l'enfant commence à penser que les autres sont meilleurs que lui en tout et qu'il est peu ou pas du tout aimé. L'enfant croit qu'il est sans valeur ou digne de respect.

Ce complexe se développe souvent lorsque les parents, les enseignants et d'autres personnes âgées font des comparaisons. Bien qu'ils n'aient pas de mauvaises intentions, ils font que l'enfant se sent dénigré. De cette façon, il se forge peu à peu une opinion négative de lui-même.

Complexe physique

Son origine est basée sur un désaccord avec une caractéristique physique ou un handicap. Réalisant que c'est différent, l'enfant commence à se sentir mal. Par exemple, de très grandes oreilles, avoir un problème de vision ou des dents mal alignées, entre autres.

Le problème est accentué lorsque d'autres enfants se moquent de son apparence. Cela crée un plus grand inconfort pour l'enfant. C'est l'un des complexes les plus courants de l'enfance.

Complexe de se sentir rabaissé

Cela arrive souvent aux enfants qui ont de nombreux frères et sœurs, généralement cela se produit avec le plus jeune enfant. Se sentant méprisé, l'enfant a le désir de montrer qu'il est quelqu'un et qu'il existe. Il a été observé que généralement les frères et sœurs plus jeunes ont plus de succès dans la vie que les frères et sœurs plus âgés. Une explication peut être que, comme ils ne reçoivent pas de soins pendant l'enfance, leur objectif principal devient l'approbation des parents et de la fratrie, ils s'efforcent alors de l'obtenir.

"En interagissant avec d'autres personnes, l'enfant commence à faire face à de nouveaux défis, comme assumer des responsabilités scolaires ou rencontrer des enfants avec des personnalités différentes."

Complexe narcissique

Cela se produit généralement avec des enfants uniques, car ils reçoivent des soins parentaux excessifs et sont toujours placés au-dessus de tout. Ainsi, l'enfant considère qu'il doit être idolâtré, que tout ce qu'il demande doit lui être accordé. De plus, il pense aussi que le monde tourne autour de lui.

Lorsqu'il présente ce complexe, il n'arrive pas à surmonter l'égocentrisme, un comportement courant chez les bébés. En conséquence, à mesure qu'il grandit, les caractéristiques narcissiques se consolident dans sa personnalité.

Comment se débarrasser des complexes dans l'enfance ?

L'enfance est la période la plus heureuse de la vie, pleine de bonheur et sans souci. Cependant, les complexes de l'enfance causent plusieurs problèmes.

Par conséquent, vous devez éduquer vos enfants dès leur plus jeune âge. Il faut leur apprendre à avoir des critères personnels et à comprendre qu'ils ne doivent pas être affectés par tout ce qu'on leur dit. C'est aussi positif qu'ils apprennent à avoir confiance en eux.

De cette façon, les complexes de l'enfance seront éliminés. En conséquence, l'enfant pourra assumer ses défauts, ainsi que surmonter les éventuels rejets des autres.

Façons de lutter contre les complexes de l'enfance

Pour que les complexes n'influencent pas la personnalité, il est nécessaire de promouvoir l'estime de soi des enfants.

Voici quelques façons de procéder :

Créer un lien étroit avec l'enfant

Pour que l'enfant ait une bonne estime de soi, vous devez lui apporter de la sécurité, l'encourager et lui donner des stimuli. De cette façon, vos enfants se sentiront soutenus émotionnellement et cela leur permettra de relever n'importe quel défi.

Réconfortez-les et valorisez leurs compétences

Si des complexes apparaissent, vous devez être aux côtés de votre enfant, comprendre sa douleur et le réconforter. Peut-être que dans votre enfance, vous ressentiez la même chose, alors faites preuve d'empathie. Vous êtes la personne la mieux placée pour donner de bons conseils à votre enfant.

Éduquer par de bons exemples

Vous devez éviter d'être critique, exigeant ou irritant avec votre enfant. Des phrases comme : « Tu es inutile », « Tu es un désastre complet » ou « Tu ne fais pas les choses correctement » ne génèreront à terme que des complexes.

Au contraire, vous devez le motiver avec des récompenses, pas de nature matérielle mais de nature émotionnelle. Par exemple, s'il se comporte bien, passez du temps à jouer ce qu'il veut.

En bref, vous devez porter une attention particulière au comportement de votre enfant. De plus, être attentif à ses paroles peut vous aider à savoir ce qu'il pense de lui-même. De cette façon, vous pourrez l'aider à surmonter les complexes de l'enfance.

Le soi-disant complexe d'infériorité est un problème que certaines personnes éprouvent lorsqu'elles se sentent moins bien que d'autres. Le complexe d'infériorité survient généralement dans l'enfance et s'il n'est pas traité à temps, il peut avoir un impact négatif sur le développement d'un garçon.

Un enfant avec un complexe d'infériorité a de sérieux problèmes lorsqu'il s'agit d'interagir avec les autres et de progresser dans ses études. Nous parlerons des principales causes de ce complexe et de la meilleure façon de le traiter.

Le complexe d'infériorité chez l'enfant

Pendant l'enfance, les enfants ont besoin d'une quantité importante d'amour et d'affection de la part de leurs parents. Cet amour vous donne la sécurité et la confiance en vous. De cette façon, ils peuvent grandir en bonne santé et développer toutes leurs compétences. Dans certains cas, l'environnement familial n'est ni souhaité ni adéquat, entraînant chez l'enfant le complexe d'infériorité évoqué plus haut, qui impacte négativement son quotidien. Plusieurs facteurs ou événements peuvent amener un enfant à développer un tel complexe :

- Obtenir une éducation officielle.
- Être surprotégé par les parents, ce qui va engendrer une grande dépendance dans tous les sens.
- Avoir une sorte de handicap, qu'il soit physique ou mental.
- Grandir dans un environnement familial qui ne va pas et dans lequel un certain nombre de valeurs importantes font défaut comme le respect ou la confiance.

Symptômes du complexe d'infériorité

Plusieurs signes peuvent indiquer qu'un enfant souffre d'un complexe d'infériorité :

- Un manque d'estime de soi clair et évident.
- Personnalité introvertie et timidité, entravant sa capacité à entrer en relation avec les autres.
- Faible confiance, qui a un impact négatif sur l'environnement scolaire et social.
- Grande difficulté à prendre des décisions.
- Peur de la possibilité de faire plusieurs erreurs.
- Il ne reconnaît pas les mérites et les réalisations obtenues.

Si l'enfant présente l'un de ces symptômes, il est possible qu'il ait un grave problème d'infériorité, entravant son bon développement. Le problème avec le complexe d'infériorité est que s'il n'est pas traité à temps, il peut accompagner la personne pour le reste de sa vie avec toutes les mauvaises choses que cela implique.

Comment traiter le complexe d'infériorité chez les enfants

Si les parents soupçonnent sérieusement leur enfant de souffrir d'un complexe d'infériorité, il est important de les emmener chez un psychologue pour enfants qui saura comment les traiter. Un bon professionnel dans ce domaine est essentiel lorsque l'enfant peut surmonter ce grave problème qui peut entraîner de graves conséquences à l'avenir. De plus, les parents et les enseignants doivent suivre une série de directives qui aident l'enfant à surmonter une telle complexité :

- Il est bon que vous vous félicitiez positivement des réalisations et des objectifs atteints par l'enfant.
- Les activités de groupe doivent être encouragées pour améliorer ses compétences sociales.
- Les erreurs commises par le mineur ne doivent pas être considérées comme une mauvaise chose mais plutôt comme une excellente opportunité d'apprentissage.
- N'effectuez aucune comparaison avec aucun autre enfant.
- Parents et enseignants eux ne doivent pas être exigeants avec l'enfant souffrant du complexe.
- L'enfant doit être aidé à exprimer ses émotions et ses sentiments.

Pourquoi est-il important de traiter le complexe d'infériorité ?

- Le complexe d'infériorité survient généralement pendant l'enfance et s'il n'est pas traité à temps, il peut accompagner l'adulte toute sa vie, entraînant des insécurités et un manque de confiance qui l'affecteront négativement à vie.

- C'est pourquoi le fait que le mineur souffre d'un tel complexe et que les parents retirent le fer de la matière ne peut être sous-estimé. Vous devriez demander l'aide d'un professionnel qui permettra à l'enfant de résoudre ce problème.

Chapitre 3

La Comparaison De Soi Avec Les Autres

Un facteur qui a intensifié l'habitude de la comparaison sont les réseaux sociaux

Nous avons grandi en écoutant les comparaisons. Que ce soit avec des personnes dans une situation pire, ce qui peut générer du réconfort ; ou avec les plus aisés, ce qui peut provoquer l'envie ou un sentiment d'échec. Cependant, si vous y réfléchissez rationnellement, la comparaison est un sentiment complètement dénué de sens, car nous sommes tous différents. L'histoire de la vie, la génétique, les caractéristiques et les circonstances qui nous ont amenés là où nous sommes aujourd'hui sont uniques.

Comprendre cette réalité, c'est voir que, comme vous, tout le monde a des défauts et des qualités et traversent des bonnes et des mauvaises phases.

Réseau social : un monde irréel

Un facteur qui a intensifié l'habitude de la comparaison sont les réseaux sociaux. Imaginez perdre votre emploi, vous connecter à Facebook et tomber sur un message d'un ami qui célèbre sa promotion ? L'impact initial peut être assez mauvais, mais rappelez-vous que cet ami a aussi ses problèmes. Ce que nous voyons sur les réseaux ne correspond pas au monde réel. Ce ne sont que des moments heureux. La vie en dehors du domaine virtuel est loin d'être un conte de fées pour quiconque.

Pression pour la perfection

Un autre point qui génère inévitablement des comparaisons est la pression croissante d'être bon en tout : connaître plusieurs langues, avoir le corps parfait, réussir, être un parent exemplaire, faire du bénévolat... Tout le monde ne peut pas travailler, s'entraîner à la salle de sport, suivre des cours, aller au supermarché, rentrer à la maison après des heures de circulation, jouer dans la meilleure humeur avec ses enfants et avoir toujours l'air impeccable pour un dîner avec son mari/femme.

C'est chaotique d'avoir une routine qui rentre à peine dans votre emploi du temps, juste pour être la norme insaisissable de la perfection. Vous pourrez peut-être même vous permettre d'effectuer plusieurs tâches à la fois, mais à un moment donné, votre alarme se déclenchera et vous ressentirez la surcharge de vouloir être et de faire tant de choses à la fois.

Encore une fois : ne vous comparez pas aux autres. Chaque personne à son rythme et ses limites. Laissez votre authenticité être votre thermomètre. Il n'y a pas d'autre personne au monde comme vous. Acceptez à la fois vos forces et vos imperfections et utilisez cette liberté d'être qui vous êtes vraiment pour faire votre place partout où vous allez ! Vous connaissez la vieille histoire de « l'herbe du voisin est plus verte que la mienne » ? Nous avons cette habitude de comparer notre vie, nos objets et nos corps avec les autres. Il s'agit d'une habitude humaine courante qui, entre autres, peut être comprise comme un moyen de capturer des informations.

Nous avons deux façons de rester informés : nous pouvons chercher des experts ou nous pouvons fouiner et analyser la vie des autres. Cette dernière conduit inévitablement à la comparaison. Les médias sociaux ont également beaucoup d'impact sur cette pratique car ils créent l'environnement idéal pour se comparer aux autres personnes. Chaque jour, nous sommes bombardés d'images d'une vie modifiée pour avoir l'air « parfait ».

La compétition féminine a été encouragée pendant trop longtemps. C'est à nous, les femmes, de briser ce cycle et de toujours travailler pour notre propre estime de soi et celle de nos amis et de nos proches. Ce n'est pas une tâche facile, nous le savons. Mais petit à petit, nous pouvons aider à construire un environnement sûr et mutuellement coopératif. Voici quelques raisons d'arrêter de se comparer aux autres !

Pourquoi se comparer à d'autres femmes si on peut s'en inspirer ?

C'est super bien d'admirer une personne. Mais cela ne signifie pas que nous devons être et agir comme elle. Nous pouvons être inspirés par les choses qu'elle fait et les adopter également dans nos vies. Par exemple, si vous aimez le fait que cette personne soit végétalienne, renseignez-vous sur le véganisme. Ou si elle fait de l'exercice tous les jours, trouvez un sport que vous aimez et commencez à faire de l'exercice aussi. La clé ici est de savoir comment vous allez voir les modes de vie des autres.

Tu es le/la seul(e)

Même si toutes les femmes avaient exactement la même nourriture, nos corps seraient encore différents. Si nous achetions tous les mêmes vêtements, nous les porterions toujours de différentes manières. Même les frères et sœurs qui partagent une partie de l'ADN et la même parentalité sont différents. Pourquoi vouloir être comme tout le monde si ce sont nos différences qui font de nous ce que nous sommes ?

Vous avez une compétence particulière
Peu importe ce que c'est, nous avons tous une compétence spéciale. Qu'il s'agisse d'avoir une voix merveilleuse ou de donner de bons conseils, vous avez certainement un don que tout le monde autour de vous apprécie.

Nous voulons proposer un défi. Vous aurez besoin d'un miroir pleine longueur, d'un stylo et d'un bloc-notes. Prenez le temps de vous concentrer uniquement sur l'exercice. Portez simplement votre lingerie et regardez-vous dans le miroir. Mais regardez-vous vraiment ! Observez chaque partie de votre propre corps et écrivez sur le post ce que vous aimez dans votre propre corps. Cela pourrait être n'importe quoi. Collez-les post-its sur le miroir et utilisez-les pour vous rappeler à quel point votre corps est incroyable.

La deuxième étape du défi consiste à faire la même chose en se concentrant sur des points de votre personnalité. Prenez le temps de l'introspection et notez dans un cahier tout ce que vous admirez chez vous. Ne vous inquiétez pas si cela prend du temps pour terminer les exercices. Rien ne presse. L'important est de s'engager dans ce regard intérieur et d'écrire au moins 5 traits positifs sur vous-même.

La comparaison trouve de la place quand nous nous sentons malheureux. Par conséquent, plus nous nous connaissons et pratiquons l'amour de soi, moins nous ressentirons le besoin de nous comparer. Si vous remarquez que cette habitude est portée par une personne proche, essayez de vous éloigner un peu. Si c'est un profil de réseau social qui provoque ces pensées négatives, ne le suivez plus. Détecter ce qui nous cause de l'inconfort est essentiel pour que nous commencions à changer et à être plus heureux.

Chapitre 4 :
Le Mythe Du Corps Parfait

Aujourd'hui, la préoccupation pour la beauté a été quelque peu exagérée. Les femmes sont devenues les plus grandes esclaves de ce mythe du corps parfait, mais les hommes souffrent aussi de la chute des cheveux et de l'élargissement du ventre.

Vouloir rester en forme, manger sainement et faire de l'exercice régulièrement est une bonne chose, mais certaines personnes semblent ne vivre que pour cela. Elles subissent une liposuccion inutile, implantent du silicone dans des seins parfaits, s'entraînent deux ou trois heures d'affilée. Souvent, les jeunes entre 15 et 18 ans recherchent déjà le corps parfait.

Elles font de la gymnastique de façon obsessionnelle, subissent des opérations chirurgicales inutiles pour ressembler aux égéries de la télévision, une véritable aberration en termes de comportement. En même temps, ils finissent par mettre de côté leur vie affective. Il y a ceux qui vivent dans l'anxiété de la lumière allumée car ils craignent que leur partenaire ne voie mieux le dessin du corps. En fait, ces préoccupations absurdes ne font qu'exacerber l'insécurité et le manque de confiance des gens.

Si une femme pense qu'elle a de la cellulite et propose de faire l'amour avec les lumières éteintes, par exemple, elle finit par valoriser un "défaut" que son partenaire n'avait même pas remarqué.

Au lieu de profiter du plaisir du sexe, elle est constamment préoccupée de savoir si une certaine position favorisera ses formes ou révélera d'autres imperfections. En réalité, l'homme ne cherche pas une déesse. En général, il est très peu attaché à ces obsessions féminines. Il valorise l'ensemble ; le charme, la sensualité, la joie (et, bien sûr, la femme sûre d'elle et intelligente qui cherche à donner et à recevoir du plaisir) plus que des mesures parfaites.

Il est également bon de se rappeler que, avec la lumière allumée ou éteinte, qui est au lit, c'est la personne elle-même. Personne ne se transformera en Sharon Stone à cause de la pénombre.

En fait, cette recherche narcissique et obsessionnelle du corps parfait finit par générer une division très nette entre le corps et l'esprit, selon laquelle l'aspect physique est très important, tandis que l'intelligence et les sentiments sont placés au second plan. Cela peut créer un processus de désintégration et de confusion quant à l'identité de chacun, au point où la personne perd la notion de qui elle est, ce qu'elle représente, quelles sont ses valeurs, devoirs et obligations dans la société et même quelle est l'importance d'établir des liens d'affection.

Ceux qui ne se préoccupent que d'avoir un corps parfait devraient observer s'ils ne cachent pas un autre type de problème. Il est très courant que les personnes concernées par le corps présentent une histoire personnelle pleine de besoins et de conflits non résolus, et l'apparition d'états dépressifs est inévitable.

3 mythes sur le « corps parfait » que vous devez connaître

La chaleur nous fait nous préoccuper plus intensément de notre image corporelle, des « poignées d'amour » et de l'excès de poids. Tous les êtres humains évoluent dans un environnement social qui leur fait croire que bien performer est important. Or, le corps parfait doit allier masse musculaire, esthétique, santé physique et mentale. Un corps sculptural est inutile si à l'intérieur nous sommes détruits émotionnellement ou physiquement avec l'utilisation de stéroïdes anabolisants, par exemple.

Aussi fantaisiste que cela puisse paraître, pour beaucoup de femmes, si elles ne sont pas grandes, avec un corps bien défini, avec des seins pleins et des fesses fermes, elles ne pourront jamais trouver le partenaire de leur vie. Certains hommes nourrissent également cette perspective, à tel point qu'ils croient que plus ils sont définis et forts, plus ils ont de chances de trouver une compagne. Cependant, la réalité n'est pas exactement de cette façon.

Influence de la culture sur le Corps Parfait

Chaque culture détermine un standard de beauté qui change avec le temps. Ce que beaucoup de gens ne réalisent pas, c'est que le modèle montré dans les magazines et à la télévision n'est pas la règle mais une exception, à tel point que ce n'est pas n'importe qui qui est choisi pour imprimer ces médias. Cependant, de nombreux sujets finissent par oublier que la réalité va au-delà de ce qui est exposé dans les médias. Évitez de chercher des solutions miracles et ne vous autorisez pas à aller au-delà de ce que permettent notre corps, notre bien-être et notre qualité de vie.

Pour que nous ayons une élégance physique, nous devons comprendre et accepter l'idée de maintenir une alimentation équilibrée et saine et la pratique d'activités physiques régulièrement. Si l'apparence physique est un facteur tout à fait déterminant pour notre bien-être, il peut être nécessaire d'évaluer notre niveau d'estime de soi. Rêver est une très bonne chose, tant que nous ne cessons pas de vivre la réalité et acceptons qu'elle soit positive.

Découvrez quelques mythes sur le corps parfait et voyez si vous vous situez dans l'un d'entre eux !

1. Mesures parfaites

A moins que vous n'ayez l'intention de participer à un concours de beauté ou de musculation, ces mesures ne font pas l'unanimité. Certaines littératures parlent du rapport taille-hanches comme étant le plus attractif de 0,7 (par exemple 100 cm de hanche et 70 cm de taille) mais peut-être que la meilleure mesure à considérer serait la mesure de la circonférence abdominale.

Si vous êtes une femme, avec une circonférence supérieure à 88 cm ou un homme avec plus de 102 cm, faites attention. En plus d'être *millimétriquement* parfaits, nous devons être en bonne santé et réduire le taux de mortalité par problèmes cardiovasculaires. Ce n'est qu'en atteignant le bon sens entre l'esthétique et la santé que nous pourrions être vraiment épanouis.

2. Après la liposuccion, vous ne reprenez plus de poids

Les interventions chirurgicales peuvent même réduire la quantité de cellules graisseuses dans la région opérée, mais ces cellules ont la capacité de s'hypertrophier, c'est-à-dire d'augmenter à nouveau. Lorsqu'une liposuccion abdominale est effectuée, par exemple, le nombre de cellules dans cette région est réduit à l'extérieur, si les cellules graisseuses s'accumulent à l'intérieur de l'abdomen, le risque de maladie cardiovasculaire reste élevé. Si le patient continue à prendre du poids, il reprendra de la graisse dans la région opérée et dans d'autres régions également.

3. Avoir un abdomen fissuré est synonyme de santé

De nombreux patients recherchent un abdomen fissuré, plein de "petits bonbons" et poursuivent cet objectif aveuglément. Mais atteindre cet objectif sans relâche peut entraîner des risques pour la santé. Chaque patient a une prédisposition génétique, et peut ou non la vaincre par l'exercice physique. Beaucoup n'ont pas cette prédisposition et recherchent l'utilisation de stéroïdes anabolisants ou d'autres substances pour y parvenir, ce qui nuit grandement à leur santé. Cela en vaut-il la peine ?

Partie II :
AMÉLIORER
SA PERCEPTION DE SOI

Vous vous demandez ce qu'est la conscience de soi ? Savez-vous quelle est la théorie qui en parle ? Concepts, avantages et autres techniques liées au sujet ?

Nous pensons qu'il s'agit d'un sujet très important et que davantage de personnes doivent connaître et expérimenter la perception de soi. Par conséquent, nous voulons vous apporter les informations de base sur le sujet, comme le fait de définir ce concept pour vous. Cependant, en plus, nous voulons vous montrer à quel point la perception de soi est intéressante et quels avantages vous pouvez avoir dans cette trajectoire.

La perception de soi selon le dictionnaire

Si nous cherchons le mot perception de soi dans le dictionnaire, nous trouverons qu'il s'agit d'un nom féminin. Aussi, étymologiquement le mot vient du grec autos et « soi » + perception.

Objectivement, c'est une perception que la personne a d'elle-même, de ses erreurs, de ses qualités. Parmi les synonymes de perception de soi, on trouve par exemple la compréhension de soi et l'auto-évaluation.

Concept de perception de soi

La perception de soi est la façon dont une personne parvient à comprendre ses propres attitudes et croyances en fonction de son comportement. Ici, la personne s'analyse de la même manière que le ferait une personne regardant de l'extérieur. Cela différencie la perception de soi de la dissonance car cette dernière est une motivation négative.

Dans le cas de la perception de soi, ce n'est qu'une inférence. Pour illustrer cette idée, réfléchissez à la façon dont vous valorisez la réalité qui vous entoure. La perception de soi est comme ça.

Selon elle, prendre conscience de nos comportements, de nos émotions est le début du changement. C'est parce que lorsque nous réalisons cela et comprenons les conséquences de chaque acte, nous nous réalisons vraiment.

Importance de travailler sur la perception de soi

Pour cette raison, travailler sur la perception de soi est un acte fondamental pour toute thérapie. Peu importe que cette thérapie se concentre sur le comportement, les émotions ou les pensées. Ce n'est qu'en comprenant ce qui nous arrive et comment cela se passe, avant même de prendre des mesures.

Avec cela, nous comprenons que le concept de perception de soi est fondamental pour nous connaître. De plus, ces connaissances ne sont pas perverses et ne nous détruisent pas, mais sont des connaissances qui nous aident à nous améliorer.

La théorie de la perception

La théorie de la perception peut être expliquée à travers le concept d'inter-relation entre les comportements.

C'est-à-dire qu'un comportement est lié à beaucoup d'autres.

La théorie se divise en deux parties :

Étude des précurseurs du comportement perceptif

Étudie les comportements tels que le but, la conscience et l'attention, qui peuvent modifier l'émission du comportement perceptif.

Étude des comportements perceptifs comme préexistants

Étudie le processus de résolution de problèmes et le comportement perceptif modifie l'environnement. C'est cette modification qui permet d'émettre des comportements discriminants et, par conséquent, la résolution du problème. Pour cette théorie, le concept de soi, qui est la valeur que vous vous attribuez par rapport à votre environnement, se forme dans l'enfance. Mais ce concept de soi n'est pas cristallisé et peut changer tout au long de la vie. Ce concept de soi est un profil, c'est-à-dire une image que la personne s'attribue.

Au cours de notre formation, surtout dans l'enfance, nous pouvons être amenés à intégrer des valeurs d'une autre personne. Qui n'a pas voulu ressembler à quelqu'un qu'il admire beaucoup ?

Où en êtes-vous venu à prendre quelque chose pour acquis simplement parce que quelqu'un que vous admirez l'a dit ? Ceci est, comme dit, beaucoup plus fort chez les enfants. Cet aspect est appelé introjection. Comprendre notre concept de soi au cours du processus de perception de soi est important. Après tout, nous devons comprendre ce que nous croyons être et pourquoi nous sommes arrivés à cette conclusion. La vision de l'observateur n'est pas toujours basée uniquement sur ce qui est vu. Souvent, nous déformons la réalité à cause de facteurs internes, sociaux et personnels. Comprendre les motivations est donc primordial.

Avantages de la perception de soi

Premièrement, nous avons dit que ce n'est que par la perception de soi que nous comprendrons ce que nous devons changer. Ainsi, en comprenant notre comportement nous pourrons en acquérir de nouveaux, ou faire des ajustements.

Cependant, la perception de soi est quelque chose de très complexe. C'est parce que c'est un processus ! Et ce n'est que par ce processus que nous pouvons assembler les pièces qui peuvent former un modèle plus grand. Ce modèle qui nous informera de notre comportement, mais avec des données collectées de manière plus affirmée. Après tout, c'est de la vraie recherche et de près, car avouons-le, il n'y a personne à qui nous puissions avoir plus accès que nous-mêmes. Plus nous exercerons la conscience de soi, plus nous deviendrons équilibrés. Et cet équilibre sera dans tous les domaines de notre vie. Pouvez-vous imaginer à quel point cela fait une différence dans notre construction en tant que professionnel ? Ou dans le cadre d'une relation ?

Exercices de connaissance de soi

La conscience de soi est un processus. Certains exercices nous aident à mieux nous connaître. De plus, il n'est pas possible d'appliquer des exercices lourds de conscience de soi du jour au lendemain. Elle doit être progressive et continue.

Voici quelques exercices qui vous aideront dans ce processus intense et précis :

- **Thérapie miroir**

Cet exercice vise à promouvoir des sentiments positifs sur la vie de l'individu. Cela agit comme un soulagement alors que vous cherchez à comprendre et à accepter votre présent et votre passé et comment cela vous est intrinsèque. Pour l'exécuter, vous devez vous mettre dans un endroit calme et avoir un miroir. Regardez-vous et utilisez le silence pour vous analyser. Essayez d'analyser vos qualités et à quel point vous êtes bon. Interrogez-vous sur des aspects de votre vie et réfléchissez à comment vous êtes et comment vous aimeriez être. Alors demandez-vous comment vous pouvez y arriver. Il est important d'être honnête et juste avec vous. Ce n'est pas un temps de souffrance, mais de recherche. Soyez juste, n'oubliez pas.

- **La fenêtre de Johari**

La fenêtre Johari est une matrice qui cherche à contraster notre perception et la perception des autres. Dans cette matrice, vous divisez une feuille en 4 parties.

Dans la zone ouverte, vous devez mettre tout ce que vous êtes, y compris les compétences et les sentiments et ce que vous montrez aux autres. Dans la zone aveugle se trouve tout ce que vous ne pouvez pas voir sur vous-même, mais que les autres voient. Dans la zone potentielle se trouvera ce que vous pensez pouvoir manifester, mais que vous ne pouvez toujours pas. Il y a aussi la zone cachée, où se trouvent les qualités que vous avez et que vous reconnaissez mais que vous ne montrez pas aux autres.

Nous croiserons les informations et chercherons à augmenter la zone ouverte. Cet espace ouvert est considéré comme une transparence et plus nous serons transparents, plus nous serons nous-mêmes.

- **Si vous vous interrogez**

Il est impossible d'exercer une conscience de soi sans se remettre en question. Faites une liste de questions que vous jugez pertinentes, par exemple, « Quels sont mes objectifs de vie ? » « Comment puis-je atteindre mes objectifs ? » « Quelles sont mes qualités ? »

Et soyez sincère. Nous vous avons déjà dit à quel point cela fait une différence dans le processus.

Comment améliorer la conscience de soi

Comme nous l'avons vu précédemment, la perception de soi change en fonction de notre comportement à un moment donné. Ensuite, nous examinerons deux façons d'améliorer la conscience de soi :

- **Entraîner la perception de soi sans anxiété de performance :** pour entraîner la perception, il est nécessaire d'avoir une perception consciente, car nous ne pouvons pas supposer qu'elle est implicitement entraînée. Pour se concentrer sur la perception, il faut du temps et beaucoup de concentration, sans distractions. Par conséquent, les exercices doivent être effectués sans anxiété de performance et sans aucune intention de compétition afin que vous puissiez vous concentrer sur vous-même et non sur les résultats.

- **Observation intense** : les exercices de relaxation sont particulièrement adaptés à la prise de conscience. Ils servent aussi à vous faire ressentir ce qui est agréable et à aiguiser vos sens. Une observation intense des signaux, des sentiments et des pensées de son propre corps est une condition préalable au comportement empathique. Pour ceux qui s'écoutent et se considèrent, il est plus facile de percevoir et de prêter attention aux autres, à leurs sentiments et à leurs exigences.

Chapitre 5 :
Prendre Conscience De Son Corps
(ses atouts et défauts)

S'aimer soi-même est une condition nécessaire pour atteindre le bonheur.

Votre corps est la réalisation matérielle de votre existence. On peut le définir comme la demeure de votre âme et votre peinture pour le monde. Il y a plein de raisons de l'aimer. Aimer son corps, c'est accepter la vie et la nature.

Il s'avère que les pressions extérieures, les normes de mode et de beauté imposées par la société peuvent souvent être oppressantes et influencer notre satisfaction personnelle. Pour commencer, la pire erreur que nous commettons est d'être guidé par les médias. Cela implique tout type de média, que ce soit la télévision, les magazines et même les vitrines des magasins. Les gens veulent constamment être comme sortis d'un moule mais la réalité est que les individus vraiment authentiques sont ceux qui retiennent le plus l'attention.

« Nous vivons à une époque de culte des images. Donc, soyons honnêtes, il est très difficile de ne pas tomber dans l'insatisfaction et les réalisations frustrantes de la recherche inaccessible de l'idéal de la bonne forme.

D'autre part, consciente de la réalité du monde moderne et de son modèle de beauté pratiquement inaccessible, elle nous propose de nous détendre et de chercher à nous reconnaître dans ce que nous avons, sommes et pouvons construire avec des ressources réelles et palpables : qu'il est, mince, dodu, long, avec des culottes, beaucoup de fesses, peu de fesses, beaucoup de seins, petits seins, etc. Ce qui compte vraiment, c'est de s'approprier le corps qui nous appartient et d'essayer d'avoir le meilleur qu'il puisse nous donner, en respectant nos désirs, nos possibilités, nos limites et nos restrictions. »

La publicité normalise généralement l'image des gens pour être mieux absorbée par les consommateurs. Mais il suffit de regarder dans la rue et de voir la grande et belle diversité des physiques et des traits de la population. N'oubliez pas que ces caractéristiques physiques des magazines sont souvent loin de la réalité. Et ne pensez pas que parce que vous ne correspondez pas au standard de beauté dicté par les médias, personne ne sera attiré par vous.

Quasiment personne ne cherche une photo de magazine, mais plutôt des gens sympas et authentiques avec qui partager de bons moments. Besoin d'encore plus de raisons d'aimer votre corps ?

8 conseils pour accepter son corps tel qu'il est, sans culpabilité

Combien de fois au cours de la semaine dernière vous êtes-vous regardé dans le miroir et avez-vous jugé votre propre corps de manière cruelle ?

Pour ceux qui pensent que les commentaires de tiers sont les principaux poignards qui blessent l'estime de soi , nous avons une vérité qui dérange, ne pas accepter son corps est la pire façon d'infliger de la souffrance.

Et ne pensez pas que vous êtes le seul à vous juger et à vous contrôler constamment pour avoir mangé des frites au dîner ou pour avoir eu des boutons après une consommation de chocolat.

Nous sommes extrêmement cruels envers nous-mêmes, cependant, pour être heureux, il est essentiel que nous ayons une pleine acceptation de qui nous sommes.

Regarder votre corps et l'aimer est un bon début pour devenir une personne plus complète.

Alors laissons la culpabilité dans le passé et acceptons le corps que nous avons.

1 – Regardez vos points forts

Tout le monde a un « défaut » qu'il aimerait changer dans son apparence, cependant, au lieu de tant regarder ce que vous n'aimez pas, pourquoi ne dirigez-vous pas votre regard vers ce qui est beau chez vous ?

Regardez-vous honnêtement et faites une liste mentale de tout ce qui est positif dans votre apparence.

Pour ceux qui ont une faible estime de soi, le conseil est de prêter attention aux louanges des autres.

Souvenez-vous de vos points forts et soyez simplement heureux.

2 – Savoir quels motifs sont inventés

Votre difficulté à accepter votre corps est-elle due au fait qu'il est hors normes de beauté ?

Rappelez-vous que les normes esthétiques ne sont pas des vérités absolues car elles sont simplement inventées par la société en fonction de ses besoins.

À la Renaissance, par exemple, les femmes en surpoids avec un ventre proéminent étaient considérées comme les plus belles.

En 2099, les femmes extrêmement minces seront-elles toujours considérées comme la norme de beauté ?

3 – Mettez en avantage ce que vous n'aimez pas

Comme mentionné dans le premier sujet, tout le monde a quelque chose qu'il n'aime pas chez lui.

Lorsque cela empêche l'acceptation de votre corps, il est possible de recourir à des astuces de mode et de style pour mettre en valeur ce « défaut ».

Notez que nous mettons le mot défaut entre guillemets parce que c'est vraiment quelque chose que vous n'aimez pas, mais pas nécessairement quelque chose de négatif.

Si vous pensez que votre nez est trop gros, vous pouvez utiliser des astuces lumière et ombre avec du maquillage, si votre ventre est ce qui vous dérange, vous pouvez utiliser des chemisiers plus longs en diagonale. Certaines astuces vous permettront de modifier votre propre perception et d'accepter plus facilement ce que vous considérez comme un défaut mais attention, le but n'est en aucun cas de rendre superficiel une partie de votre corps.

4 – Apprendre à dire non aux impositions

Nous avons donné des conseils pour modifier la perception de ce que vous n'aimez pas, cependant, vous pouvez apprendre à accepter votre corps avec tous les "défauts" qu'il a et dire un NON retentissant aux astuces et aux subtilités.

Ce n'est pas parce qu'une femme est en surpoids qu'elle ne peut pas porter de rayures horizontales, par exemple.

Une partie de l'acceptation consiste à accepter ce que vous considérez en tant que défaut comme un trait normal, tel qu'avoir deux yeux et une bouche.

5 – Acceptez les mauvaises ondes

Il n'y a aucun être humain qui puisse être heureux tout le temps, ayant conscience de cela, vous pouvez vous sentir moins coupable lorsque de mauvaises vibrations arrivent.

Ce que vous ne pouvez pas faire, c'est vivre triste parce que vous pensez que votre apparence est mauvaise.

Ce n'est pas parce que vous êtes en surpoids, de petite taille ou que vous avez des hanches larges, par exemple, que vous méritez d'être moins heureux que les autres.

Alors, quand la tristesse vient, donnez-lui un peu de temps, puis profitez de la vie en étant vous-même.

6 – Ne vous projetez sur personne

Faites attention aux projections des qualités des autres, ce n'est pas parce qu'un de vos amis est grand et musclé qu'il faut aussi être comme ça pour être heureux.

Les êtres humains ont la mauvaise habitude de penser que les autres sont toujours plus satisfaits de leurs caractéristiques particulières.

Lorsque vous réalisez que vous passez trop de temps à penser aux qualités des autres, tournez votre regard vers votre propre nombril et pensez à ce qui est incroyable en vous.

7 – Appréciez-vous

Pratiquer une activité physique et prendre soin de sa peau doivent être considérés comme des soins de santé et pas seulement comme des soins de beauté.

Votre objectif peut même être de prendre du poids, mais rappelez-vous que bouger est avant tout une activité saine.

Cette vision résulte de la valorisation de soi en tant qu'individu.

Si vous traversez un moment de questionnement sur votre apparence, il est bon de faire une liste des choses subjectives qui ont de la valeur en vous et de toujours la garder dans votre champ de vision.

8 – Avoir un hobby

Accepter son corps est un processus qui va de pair avec l'acceptation de qui l'on est, certaines personnes sont tellement perdues de ne pas se connaître elles-mêmes qu'elles deviennent plus sensibles à la recherche de standards de beauté impossibles.

Notre conseil pour que vous vous voyiez plus clairement est d'avoir un passe-temps qui peut être la peinture, l'écriture d'histoires ou toute autre activité qui vous relie à ce que vous avez à l'intérieur.

Pensez-vous que vous êtes prêt à accepter votre corps tel qu'il est et à vous débarrasser de la culpabilité pour de bon ?

Chapitre 6 :
Changer Progressivement
Son Discours Intérieur

COMPRENDRE LE DISCOURS INTÉRIEUR PEUT CHANGER VOTRE VIE

Changer votre vie pour le mieux ne doit pas être un moment énorme et dévastateur. Quelque chose d'aussi simple que de modifier votre dialogue intérieur peut vous donner l'inspiration pour faire ces changements de vie.

Pourquoi comprendre le discours intérieur est important

Il est surprenant de voir combien de personnes ne sont pas conscientes du discours intérieur. Comprendre la façon dont vous vous présentez vous permettra de prendre les mesures nécessaires pour aborder des domaines importants de votre vie.

Votre voix intérieure peut faire une énorme différence pour votre bonheur, votre réussite et votre productivité. Vous avez entendu le vieil adage selon lequel vous pouvez facilement vous parler, mais lorsque vous commencez à vous répondre, il y a un problème.

En fait, c'est loin de la vérité. Écouter votre discours et ensuite apporter des réponses peut en fait être très utile pour votre bien-être.

Vous pourriez avoir l'indice que vous vous parlez à vous-même si vous traversez une vague de comportements négatifs et que vous vous sentez déprimé, ou si vous ne progressez pas dans votre vie personnelle ou professionnelle.

Vous pouvez également commencer à penser que tout le monde est contre vous et que vous n'avez aucune chance de progresser.

Analysez votre discours intérieur
La façon dont vous utilisez votre voix intérieure fait une différence, que votre vie soit remplie d'événements positifs ou négatifs. Si vous vous sentez déprimé ou avez l'impression que votre confiance en vous est faible, il est temps d'écouter ce que vous vous dites.
Vous pouvez voir immédiatement ce que vous faites, ou vous pouvez avoir besoin d'écrire certaines de ces pensées et de les analyser plus tard.

Branchez-vous sur votre dialogue interne pour vous aider à l'analyser. Tout ce que cela implique, c'est de s'arrêter périodiquement et de se demander : **"Qu'est-ce que je me dis en ce moment ?"**

Ceci est particulièrement utile si vous le faites lorsque vous êtes anxieux ou mécontent de quelque chose. Ensuite, vous pouvez commencer à corriger les conversations négatives que vous vous donnez.
Une fois que vous comprenez une partie de quoi et comment vous vous bombardez de pensées négatives, vous pouvez commencer à anticiper ce que vous pourriez vous dire dans certaines situations et à « réécrire » le dialogue.
Si le dialogue ne se déroule pas comme vous l'aviez prévu dans votre esprit, vous pouvez le modifier au fur et à mesure.

Tant que vous comprenez que vous vous dites certaines choses (vraies ou non) qui peuvent changer l'issue d'une situation, vous pouvez ajuster votre discours intérieur pour transformer une situation très difficile en une situation où vous réussissez.

Éliminer le discours intérieur négatif

Voici quelque chose à considérer à propos du discours intérieur négatif. La plupart du temps, le discours intérieur négatif peut vous empêcher de donner le meilleur de vous-même. Cela vous permet de mieux réfléchir à votre capacité à accomplir la tâche.

Avec un discours intérieur positif, vous pouvez désavantager vos doutes - pour vous concentrer sur l'accomplissement de votre exploit avec des couleurs vives et des pensées positives.

Pensez également à la façon dont les autres peuvent vous voir et vous entendre lorsque vous traversez un discours intérieur négatif.

Vous manifestez peut-être votre négativité à travers vos relations avec les autres et vous devez savoir que cela changera la perspective des autres sur vous.

Cela changera certainement votre vision de vous-même.

Par exemple, si vous sentez que vous ne pouvez pas quitter une relation abusive parce que vous seriez seul et sans aide, vous saurez alors que vous vous dites des pensées négatives à ce sujet et que vous continuerez probablement dans cette relation.

Mais si vous changez votre discours intérieur pour vous dire que même si vous êtes impatient de quitter une relation, vous pouvez commencer à trouver des moyens de prendre soin de vous.

Maintenant, vous changez ces conversations négatives en conversations positives. C'est alors que vous commencerez à réussir à réaliser vos vrais désirs.

Donc, si vous adoptez une attitude positive, assurez-vous que votre discours intérieur est positif et vous verrez des résultats positifs.

Auto-réalisation des prophéties

Un discours intérieur positif peut grandement contribuer à renforcer votre confiance en vous, vous permettant ainsi d'utiliser pleinement vos talents. Par exemple, si vous avez peur de parler en public , utilisez votre voix intérieure pour vous rassurer : *« Je peux le faire. Je l'ai bien fait auparavant, je peux le refaire.*

Pour le meilleur ou pour le pire, notre dialogue intérieur a le potentiel de devenir une prophétie auto-réalisatrice.

C'est-à-dire que votre discours guide vos actions, influence vos croyances, augmentant la probabilité qu'il se produise ce que vous craignez, ou au contraire, ce que vous voulez qu'il se produise. C'est pourquoi il est si important de surveiller votre voix intérieure.

Cohérence dans le dialogue interne

Mais on ne peut pas confondre les auto-verbalisations positives avec des énoncés simplement « positifs » dépourvus de contenu, de sens, ou pire encore, illusoires. Par exemple, si je me disais que je ne suis pas bon en dessin d'art, mon dialogue intérieur serait négatif, mais pas faux. La vérité est que j'ai des difficultés à dessiner. Par contre, si je dis que je ne sais rien dessiner, je penserais négativement et je ferais une généralisation abusive, cela est péjoratif. Ce dont vous devez tenir compte dans la construction de votre dialogue intérieur, c'est la précision, la logique, la spécificité, cela dépend de vous, le discours axé sur l'action et conforme à vos convictions.

Il y a des moments, cependant, où vous commencez à entendre des messages négatifs de votre voix intérieure. Il est donc temps de les corriger en utilisant certaines des techniques de thérapie cognitivo-comportementale que je décrirai plus tard.

Orientez votre dialogue interne en fonction de ce que vous souhaitez accomplir

Votre dialogue interne, c'est- à- dire les mots que vous utilisez pour décrire ce qui vous arrive et pour vous faire part de votre ressenti face aux événements extérieurs, détermine la qualité de votre vie affective. Lorsque vous voyez les choses de manière positive et constructive et que vous recherchez le meilleur dans chaque situation et dans chaque personne, vous avez tendance à rester naturellement positif et optimiste.

Étant donné que notre qualité de vie est déterminée par la façon dont nous nous sentons, pensons et agissons, à chaque instant, l'un des objectifs les plus importants que je recommande est l'utilisation de techniques psychologiques pour promouvoir l'habitude de penser à ce que nous voulons.

Cher Lecteur, Chère Lectrice,

Au milieu de votre lecture, j'aimerais prendre un moment pour vous offrir un cadeau spécial. J'espère sincèrement que vous appréciez votre lecture jusqu'à présent et que les informations partagées vous sont bénéfiques.

Afin de vous offrir une expérience plus complète et approfondie sur le sujet de la pensée indépendante, j'ai le plaisir de vous offrir un ebook gratuit intitulé « *Au-Delà des Limites : Cultivez l'Indépendance d'Esprit et Explorez votre Créativité* ».

Il vous suffit de scanner le QR-Code ci-dessous pour accéder au téléchargement gratuit de cet ebook :

J'espère sincèrement que cet ebook vous sera utile dans votre quête de devenir la meilleure version de vous-même. Il offre une perspective approfondie sur la manière de cultiver une pensée indépendante, qui est un pilier essentiel du développement personnel. J'espère que vous trouverez des idées, des conseils et des exercices pratiques qui vous aideront à développer votre esprit critique et à explorer de nouvelles perspectives.

Encore une fois, je tiens à vous remercier pour votre soutien et votre intérêt pour mon livre. C'est un véritable plaisir de pouvoir vous offrir cet ebook gratuitement, et j'espère qu'il vous apportera de la valeur et enrichira votre parcours de développement personnel.

Profitez de la suite de votre lecture et n'hésitez pas à partager cette offre spéciale avec vos proches et amis qui pourraient également en bénéficier.

Chapitre 7 :
Évoluer Dans Un Environnement Sain

Le terme « environnement sain » est vaste et englobe de nombreuses significations différentes. Pour compliquer les choses, des environnements sains pour une population ne le sont pas toujours pour une autre. Il est donc difficile de s'entendre sur ce qui est nécessaire pour créer un environnement sain et de déterminer ce qui est prioritaire dans cet environnement, comme les humains, les autres animaux, les insectes ou les plantes. Généralement, lorsque les gens utilisent ce terme, ils font référence à un environnement humain qui présenterait peu de risques de maladie ou de mauvaise santé.

Les dictionnaires peuvent parler de l'environnement comme la somme totale de toutes les conditions de vie environnantes. Cela signifierait toutes les choses physiques, toutes les choses qui poussent, toutes les structures, tous les objets et tous les produits chimiques. Il y a aussi un aspect de partage à cela. Les gens ne sont pas seulement entourés par l'environnement, mais y contribuent constamment dans tous leurs comportements, y compris la respiration. Une personne ne peut pas fumer, nettoyer un tapis, sortir les poubelles, laver la vaisselle ou conduire une voiture sans nuire à l'environnement.

Dans un sens, une partie de la réalisation d'un environnement sain consiste à déterminer comment vivre dans des conditions environnementales complètes avec des effets minimaux ou optimisant. Évidemment, fumer n'améliore rien, menaçant la santé physique du fumeur et de la personne qui inhale la fumée. Le nettoyage du tapis peut être un peu plus compliqué. Les produits chimiques pour tapis auront-ils des effets cumulatifs sur la santé d'un environnement, ou l'élimination des acariens sera-t-elle plus saine pour les asthmatiques à la maison ?

Il existe un marché croissant pour une variété de produits considérés comme respectueux de l'environnement, mais nombre d'entre eux sont encore vendus dans des bouteilles en plastique et leur fabrication peut produire des produits chimiques qui réduisent la santé environnementale.

La question d'un environnement sain va plus loin que cela et il est souvent souligné que les gens oublient les structures dans lesquelles ils vivent et celles qui les entourent. Les maisons, les immeubles et les autoroutes sont pris pour acquis. Mais en créant un environnement sain, ils ne peuvent pas simplement être ignorés pendant que les gens essaient de changer de comportement.

Des années de recherche ont mis en évidence des problèmes avec des sujets comme la peinture au plomb dans les maisons ou l'amiante, mais il existe d'autres caractéristiques dans les structures qui peuvent s'avérer problématiques. Par exemple, l'endroit où une structure est construite peut avoir un effet total sur l'environnement. Les écoles construites à proximité des autoroutes peuvent être soumises à des niveaux de pollution beaucoup plus élevés qui contribuent à une mauvaise santé humaine et à un développement accru de maladies.

Il est courant de penser que les environnements urbains sont simplement le problème. Des études sur les travailleurs agricoles dans de nombreuses régions du monde montrent que ce n'est pas le cas. Ceux qui vivent dans des zones où les pesticides sont fréquemment utilisés peuvent être plus exposés aux maladies respiratoires et au développement du cancer.

Partout, les grandes structures ont tendance à nuire à l'environnement et peuvent dépendre de la consommation de combustibles fossiles, ce qui crée une plus grande pollution. Ils peuvent aussi, en hébergeant des personnes, décimer des populations d'animaux qui protègent les personnes. Il y a souvent beaucoup de bruit lorsqu'une espèce protégée se trouve à proximité d'un chantier de construction en projet, et certains estiment que c'est surestimé. Cependant, lorsque ces espèces protégées ont un effet positif sur la population humaine (la consommation de moustiques porteurs de maladies, par exemple), les effets de l'élimination peuvent être dévastateurs et impacter négativement des personnes.

Compte tenu de la complexité d'essayer de créer un environnement sain, il semble presque inutile d'essayer. Beaucoup soutiennent que ce n'est pas le cas. L'étude de l'environnement aide les gens à comprendre quels problèmes peuvent causer les plus gros problèmes.

Certes, la compréhension que la peinture au plomb pouvait nuire aux enfants ou que le DDT créait un risque élevé de maladie étaient des découvertes importantes qui ont aidé à éliminer ces risques environnementaux dans certaines parties du monde.

De nombreuses personnes consacrent leur vie à trouver des moyens de créer un environnement sain pour tous les habitants de la planète et peuvent se concentrer sur différents domaines. Ils peuvent examiner les comportements humains qui présentent des risques tels que le cancer du poumon, le diabète ou la perpétuation des abus. D'autres étudient les effets des produits chimiques, des gaz, des changements climatiques ou des changements dans l'environnement total.

Par conséquent, il est probable que la réponse à la question de savoir comment créer un environnement sain ne vienne pas d'une source unique, mais d'êtres humains en morceaux, comme un puzzle. Chaque être humain a la responsabilité de décider comment assembler ces pièces pour créer un monde plus sain.

Le plus grand défi pour les organisations n'est peut-être pas seulement de créer des initiatives pour un environnement de travail sain, mais de les maintenir au fil du temps.

Vous êtes certainement arrivé quelque part et avez remarqué un « climat ». Ce sentiment qu'il y a quelque chose d'étrange dans l'air et que tout le monde a un peu peur de parler.

Par contre, il y a cet endroit où l'on se sent chez soi, qui est léger, chacun se sent libre d'exposer ses idées.

En comparant les deux scénarios, il est assez clair que le second a plus d'affinités avec un environnement de travail sain.

Il n'y a pas de formule qui définit si un environnement de travail est sain ou non. Mais, nous énumérons quelques facteurs qui peuvent vous aider à identifier si c'est le cas ou non pour vous. Un environnement de travail sain comprend ls caractéristiques suivantes :

- Gens heureux ;
- La diversité ;
- Productivité ;
- Acceptation ;
- Collaboration ;
- Engagement ;
- Bonheur ;
- Motivation ;
- Personnes engagées ;
- Niveaux hiérarchiques en arrière-plan.

Bref, un environnement de travail sain est une communauté. Puisque personne ne crée une communauté du jour au lendemain, cela demandera des efforts, du dévouement, de la collaboration et, surtout, de la confiance. Il est important de souligner que le rôle du leadership est crucial pour la construction d'un environnement professionnel agréable et léger.

Ou peut-être êtes-vous confus et ne savez plus faire la différence entre la culture, le climat organisationnel et leur impact sur la vie de tous les jours. Donc, avant d'aller plus loin, passons aux définitions :

- **Culture organisationnelle** - ce sont les bonnes pratiques, actions et comportements qui régissent la routine d'une entreprise.
- **Climat organisationnel** - il est le reflet des attitudes et des comportements pratiqués dans l'entreprise (on s'attend à ce qu'ils soient guidés par la culture).
- **Environnement de travail sain** - c'est l'adéquation entre la culture et le climat organisationnel (quand tout fonctionne comme prévu).

Chapitre 8 :
Avoir Une Meilleure Hygiène De Vie (sport, alimentation, etc.)

Nous vivons actuellement dans un monde où tout le monde aspire à la fameuse qualité de vie. Il est plus que bien établi que pour que nous ayons la santé, il est nécessaire d'avoir un équilibre entre la pratique d'une activité physique et une alimentation adéquate.

Cependant, même si les gens veulent avoir une vie saine, peu est fait pour avoir réellement la santé et le bien-être, ce qui rend ce désir presque utopique.

Il y a plusieurs raisons, comme le manque de temps, une plus grande praticité à consommer des produits industrialisés, ne pas aimer se former, etc.

Cependant, nous devons être conscients que lorsque nous pratiquons de l'exercice physique, lorsque nous avons une vie physiquement active et une alimentation saine, nous « pratiquons » en fait la santé !

La consommation excessive d'aliments riches en sodium, colorants, sucres et conservateurs, associée à un mode de vie sédentaire, est en grande partie responsable de plusieurs maladies telles que l'hypertension , le diabète, l'obésité, l'hypercholestérolémie, entre autres. Et ces facteurs, lorsqu'ils sont associés à des antécédents familiaux, rendent la personne encore plus sensible à ces maladies.

Par conséquent, nous avons dans ces deux variables, la solution pour une vie plus saine, en prévenant et en aidant à contrôler les maladies.

Ce guide vous aidera à prendre conscience de l'importance de l'activité physique et à mieux sélectionner les aliments que nous consommons, afin de rechercher l'équilibre et d'avoir une hygiène de vie plus saine.

L'importance de la nutrition dans l'activité physique

Il est très courant que les gens associent une bonne forme physique uniquement à l'exercice physique. Mais la vérité est qu'une bonne forme physique et une bonne santé sont associées non seulement à l'exercice physique, mais aussi à de bonnes habitudes alimentaires.

Avec un plan alimentaire adapté à vos besoins, nous fournissons à notre corps l'énergie dont il a besoin pour accomplir nos tâches quotidiennes, en plus de répondre aux besoins énergétiques de l'exercice physique. Ce qui nous rapproche de notre objectif, qu'il soit esthétique (perte de poids ou hypertrophie), sanitaire (dans la prévention et le contrôle de maladies comme le diabète et l'hypertension) ou pour maintenir une bonne qualité de vie.

C'est pourquoi il est essentiel d'avoir une alimentation adéquate et équilibrée associée à l'exercice physique, car il ne s'agit pas seulement d'esthétique, mais de santé et de qualité de vie.

Manger sainement et faire de l'exercice pour une qualité de vie

Selon l'Organisation mondiale de la santé (OMS), pour une bonne qualité de vie, nous devons être physiquement actifs, ce qui, quantifié en nombre, tourne autour de 150 minutes d'exercice physique hebdomadaire.

Mais le plus important est d'avoir une vie active. Il est inutile de faire du sport une heure par jour et de passer la majeure partie de votre routine quotidienne de manière sédentaire. Pour cela, monter les escaliers au lieu de prendre l'ascenseur, aller à la boulangerie à pied au lieu d'y aller en voiture. En bref, rendez votre journée plus active !

D'autre part, nous avons l'alimentation. Il est de coutume que les gens s'inquiètent de ce qu'ils vont manger avant et après l'entraînement et « oublient » les autres repas. Pour avoir une bonne qualité de vie, nous devons maintenir un équilibre entre les sources d'énergie à chaque repas et chaque jour de la semaine.

Évidemment, il est pratiquement impossible de rester toujours totalement régulé, mais il est important de souligner que nous sommes le résultat de nos habitudes. Par conséquent, si nous avons des habitudes saines, nous serons des personnes en bonne santé.

Ci-dessous, nous avons séparé quelques conseils pour vous sur la façon de vous alimenter avant, pendant et après votre entraînement, afin que vos résultats soient plus efficaces et que vous puissiez fournir l'énergie dont votre corps a besoin.

Construire une alimentation saine pour l'activité physique

Le seul professionnel capable de bien décrire ce que l'on doit ou ne doit pas manger et les quantités appropriées est le nutritionniste. Cependant, il existe un certain consensus concernant les habitudes saines selon lesquelles si nous les mettons en pratique, nous aurons déjà une grande amélioration de notre santé.

Rappelons que tout comme l'entraînement, le plan alimentaire, pour une meilleure efficacité, doit être individualisé. Ainsi, les résultats sont plus efficaces et demandent moins de temps. Une justification de plus pour ces régimes génériques que tout le monde produit un effet accordéon ou n'ont tout simplement aucun effet. Nous sommes tous différents, avec des besoins différents et nous devons respecter notre corps et ses limites.

Comment doit être l'alimentation avant l'exercice physique ?

L'alimentation la plus adéquate avant l'exercice physique doit contenir suffisamment de substrats pour être une source d'énergie alternative. C'est-à-dire être capable d'avoir l'énergie nécessaire pour maintenir le niveau d'intensité de l'entraînement. Ainsi, ces sources stockées entraîneront la préservation des réserves, ce qui entraînera une augmentation du flux sanguin.

L'exercice physique est une activité très intense pour notre corps et demande une dépense énergétique très élevée. C'est pourquoi il est nécessaire qu'avant l'activité nous ingérions une quantité importante de glucides. Ainsi, le corps a un soutien pour maintenir la combustion calorique en utilisant les graisses comme substrat énergétique, car il y aura plus d'oxygène disponible.

Il est nécessaire de souligner qu'il ne faut pas exagérer la quantité de glucides, car nous pouvons détourner le flux sanguin vers l'intestin (à des fins de digestion), ce qui peut entraîner une baisse des performances physiques. Certains aliments comme le riz, les lentilles, les haricots et les pâtes sont de riches sources de glucides.

Comment la nourriture doit-elle être après l'exercice ?

Beaucoup de gens commettent souvent l'erreur de mal

manger après l'entraînement. Cela peut affecter à la fois les résultats pour ceux qui veulent des gains d'hypertrophie et ceux qui veulent perdre du poids. Et c'est dommage, car si le corps ne reçoit pas les nutriments appropriés après l'entraînement, la récupération (resynthèse) se produit de manière altérée, ce qui entrave les résultats.

Certains experts recommandent un apport en protéines après l'entraînement, en raison d'une "fenêtre" équivalente aux 45 premières minutes après l'entraînement (force), période où il y a une plus grande utilisation de ce substrat pour la synthèse des protéines, augmentant ainsi le volume musculaire.

Précautions à prendre pour une alimentation équilibrée

Nous devons faire preuve de bon sens au moment de choisir les aliments que nous allons manger. L'équilibre est la clé. Cela signifie des quantités adéquates de protéines, de glucides, de graisses, de vitamines et de minéraux. Lorsque nous en ingérons en excès, nous stockons ces substances qui prennent généralement la forme de graisse, ce qui peut être nocif pour notre santé, dans des cas extrêmes, et peut générer des conditions pathologiques, telles que le syndrome métabolique.

D'autre part, une carence due à un manque d'apport de ces substances peut engendrer, par exemple, une déplétion protéique extrêmement nocive pour la structure de notre organisme.

Un autre facteur est la consommation excessive d'aliments transformés. Avec l'évolution industrielle et technologique, il est de plus en plus facile de consommer des produits fabriqués chimiquement pour nous satisfaire. Il s'avère que plus nous ingérons ces conservateurs et colorants et cette quantité élevée de mauvaises graisses, plus nous nuisons à notre santé et à notre qualité de vie.

Alimentation et activité physique – types de nutriments nécessaires au corps humain

Notre corps est une "machinerie" très complexe et a besoin de plusieurs sources d'énergie pour survivre. Parmi toutes les sources d'énergie, nous avons trois macronutriments fondamentaux pour le corps humain qui sont : les glucides, les protéines et les graisses.

Viennent ensuite les micronutriments. Nous avons les vitamines et les minéraux qui sont les micronutriments essentiels pour notre corps. Un déséquilibre entre macro et micronutriments, voire l'absence de l'un d'entre eux, peut déclencher de graves problèmes tels que la malnutrition, de même qu'un apport effréné peut provoquer l'obésité et déclencher un ensemble d'autres maladies.

Ainsi, la nutrition consciente est un facteur important non seulement à des fins esthétiques mais aussi pour la qualité de vie.

Nous vous donnerons un exemple de macro et micronutriments, expliquant leur composition, leur fonction et la manière dont nous pouvons les trouver dans les aliments. À partir de là, vous pourrez avoir plus d'autonomie dans le choix de votre repas, par rapport à la qualité de ce que vous consommez.

Les glucides

Les glucides sont un macronutriment composé de molécules de carbone, d'hydrogène et d'oxygène.

Ils sont aussi communément appelés glucides et sucres

et nous avons en eux la principale source d'énergie de notre corps qui est utilisée pendant l'exercice, car lorsqu'il est ingéré et absorbé, il est responsable de la libération de glucose, qui fournit de l'énergie aux cellules et effectue l'entretien métabolique.

Fondamentalement, les glucides peuvent être divisés en trois groupes, selon la quantité d'atomes de carbone qu'ils ont dans leur composition.

Glucides simples et complexes

Les glucides peuvent également être divisés en termes de temps d'absorption en simples et complexes. Les glucides simples (mono et disaccharides) sont des glucides que le corps absorbe rapidement, élevant le niveau glycémique presque immédiatement, générant ainsi un pic. Les glucides complexes, quant à eux, ont une absorption plus lente, ce qui fait augmenter la glycémie et la maintenir élevée plus longtemps.

Importance des glucides

Une alimentation doit être équilibrée et avoir une bonne quantité de glucides, car c'est la principale source d'énergie pour les cellules et le tissu musculaire, en plus d'apporter de la satiété, c'est aussi un facteur de protection pour le muscle.

Parce qu'un régime pauvre en glucides oblige le corps à rechercher d'autres moyens de produire de l'énergie et peut obliger le corps à utiliser des protéines pour produire de l'énergie, ce qui est extrêmement nocif, car les acides aminés sont des cellules structurelles de notre corps.

Protéines

La protéine est essentiellement un macronutriment composé de chaînes linéaires d'acides aminés.

Fonctions des protéines

Les protéines ont des fonctions très importantes pour notre organisme, car elles fournissent du matériel non seulement pour la construction mais aussi pour le maintien de tous les tissus et organes de notre corps.

Elles peuvent provenir de deux sources : végétale ou animale. Les protéines d'origine végétale sont considérées comme incomplètes, car elles sont pauvres en variété d'acides aminés essentiels (ceux que notre corps ne produit pas). En revanche, celles d'origine animale sont considérés comme plus complètes car elles possèdent tous les acides aminés essentiels pour notre organisme.

Importance

Les protéines sont indispensables pour notre corps, car comme mentionné ci-dessus, elles aident à la réparation, à la construction et à l'entretien des tissus.

Pour vous donner une dimension de son importance, la protéine est impliquée dans la formation d'anticorps et d'hormones. Lorsque nous ingérons le macronutriment, au cours du processus de dégradation, les molécules de protéines sont décomposées et réduites en acides aminés et ces acides aminés sont utilisés par le corps, au besoin.

Par exemple, l'entraînement génère une série de micro-blessures dans nos muscles et pour la resynthèse et la production d'un muscle plus gros et plus fort (hypertrophie), il est nécessaire que nous ayons un nombre suffisant d'acides aminés disponibles dans notre corps pour agir dans cette reconstruction musculaire.

Vitamines et minéraux

Les vitamines et les minéraux sont des nutriments essentiels au fonctionnement de notre corps. En plus de réguler les enzymes et les hormones, ils participent au maintien du rythme cardiaque, à la contraction musculaire, au fonctionnement cérébral et à l'équilibre de l'organisme dans son ensemble. Ils doivent être ingérés par la nourriture, car ils ne sont pas produits par le corps.

Certaines situations quotidiennes nécessitent une augmentation de l'apport de ces nutriments, comme le stress, l'exposition aux polluants environnementaux, la consommation d'additifs chimiques, l'utilisation excessive de médicaments, la grossesse , l'allaitement, les enfants et les personnes âgées, les maladies immunitaires etc…

Face au manque de nutriments dans l'organisme, il est courant d'avoir recours à une complémentation alimentaire , dans lequel des multivitamines et des polyminéraux en gélules peuvent être utilisés.

Mais il est important de souligner que dans des conditions normales, avec une alimentation équilibrée, il est possible d'avoir accès à tous les minéraux et vitamines nécessaires à notre corps.

Il existe une multitude de vitamines et de minéraux, mais nous allons énumérer quelques-uns des plus connus et nécessaires à notre corps. Ce sont : la vitamine A, la vitamine B, la vitamine C, la vitamine D et la vitamine E. Dans le groupe des minéraux, nous avons : le calcium, le magnésium, le zinc, le fer et le chrome.

Toutes ces substances peuvent être trouvées dans les fruits, les légumes et les viandes.

Partie III :
S'ACCEPTER SANS AMBAGES

Savez-vous ce qu'est l'acceptation de soi ?
La personne qui s'accepte à pleinement conscience de qui elle est, connaît ses qualités et surtout quelles sont ses limites.

Cependant, s'accepter ne signifie pas décider de ne plus rien changer en vous, mais savoir ce qui fait partie de vous-même et définir vos propres caractéristiques, à la fois positives et négatives.

Pratiquer l'acceptation de soi contribue positivement à l'épanouissement de soi, que ce soit dans les relations sociales, professionnelles, entre autres.

Lorsque nous reconnaissons notre personnalité, nous sommes plus confiants et prêts à relever des défis.

L'épanouissement personnel peut être considéré comme le désir de toute personne, mais beaucoup d'entre eux ne peuvent pas l'atteindre précisément à cause du manque d'acceptation de soi.

Les gens ne croient pas en leurs propres capacités et pensent qu'ils n'atteindront jamais les rêves les plus élevés.

Mais, il est important de souligner que l'acceptation de soi est différente de l'estime de soi. L'acceptation de soi a à voir avec la connaissance de soi et l'estime de soi a à voir avec l'amour de soi.

Bien sûr, ils sont liés, car pour avoir de l'estime de soi, il faut s'accepter, se connaître et s'aimer.

Cette caractéristique influence de nombreux aspects de notre vie. C'est pourquoi il est si important de cultiver cette habitude et d'avoir ainsi un esprit sain.

Qu'est-ce que l'acceptation de soi ?

La signification de l'acceptation de soi est l'acte d'accepter tout ce que vous êtes. C'est donc ce que vous faites, dites, pensez et ressentez.

La connaissance de soi est une voie importante vers l'acceptation de soi.

Se connaître est la première étape pour prendre conscience des attitudes autodestructrices et les changer.

L'acceptation de soi est l'un des grands piliers d'une vie paisible et heureuse, car elle offre de meilleures conditions pour établir une bonne estime de soi. C'est donc une caractéristique fondamentale pour ceux qui cherchent à bien vivre avec eux-mêmes.

C'est l'un des moyens les plus efficaces d'éviter la frustration et aussi de changer les comportements fautifs. Les imprévus sont fréquents au milieu du voyage et savoir les gérer sereinement est l'un des meilleurs moyens d'atteindre l'équilibre.

Premièrement, connaître vos forces et vos faiblesses, c'est comprendre que les deux existent, connaître vos limites et votre potentiel et apprendre à les gérer de manière légère et sereine en vous.

Quelle est la différence entre l'acceptation de soi et l'estime de soi ?

Comme nous l'avons déjà dit, le terme acceptation de soi peut souvent être confondu avec l'estime de soi.

L'acceptation de soi et l'estime de soi sont des concepts différents.

L'acceptation de soi fait partie du processus de reconnaissance et d'acceptation de sa propre image, basée sur les réalisations et les qualités personnelles. Cependant, lorsque les choses ne se passent pas comme prévu, l'estime de soi est affectée.

C'est pour cela que l'acceptation de soi joue un rôle essentiel dans notre vie quotidienne, car elle interfère directement avec l'estime de soi.

Une bonne acceptation de soi renforce donc l'estime de soi ainsi que la stabilité émotionnelle, surtout dans les moments difficiles.

Comment accepter notre personnalité et qui nous sommes ?

Dans le processus d'acceptation de soi, il est très important que nous acceptions notre personnalité et qui nous sommes, car la personnalité fait partie de l'identité et est responsable de porter les caractéristiques et les valeurs qui font de nous ce que nous sommes.

Définir notre personnalité et la reconnaître nous guide pour prendre des décisions et orienter notre vie, car, avec elle, nous connaissons nos valeurs et nos idéaux, et non ceux des autres. Avoir de la personnalité, c'est vivre selon nos valeurs, sans craindre de ne pas être accepté par les autres.

Lorsque nous acceptons qui nous sommes, nous n'avons pas peur de ne pas plaire aux autres, car nous reconnaissons notre valeur et nous nous soucierons de ne garder que ceux qui sont bons pour nous et qui acceptent qui nous sommes.

Être gentil avec les gens et vouloir leur faire plaisir peut parfois faire du bien, mais il faut faire attention à ne pas les mettre en priorité avant soi.

Cette recherche de plaire à l'autre, en excès, peut nuire à notre estime de soi et, par conséquent, empêcher le processus d'acceptation de soi.

Les avantages d'accepter sa personnalité et qui nous sommes comprennent :

- Décidez librement selon ce que vous croyez ;
- Ne pas accepter moins que ce que vous méritez et ne pas vivre des situations qui ne vous conviennent pas ;
- Ne pas se soucier des opinions des autres ;
- Soyez vous-même sans crainte de rejet ;
- Savoir dire « non » sans se sentir mal.

Comment accepter mes défauts ?

Nous avons tous des défauts, et ce sont ces imperfections qui nous rendent également uniques.

Comprendre cela fait partie de l'acceptation de soi et, surtout, apprendre à les gérer au fil du temps - avoir une plus grande conscience de cette personnalité plus forte en nous.

Tout comme nous avons de nombreuses qualités et que nous devons les valoriser en nous-mêmes, accepter nos défauts est une étape très importante dans ce processus de travail sur l'acceptation de soi, et nous devons la renforcer dans notre croissance personnelle.

Les impacts négatifs que le manque d'acceptation de soi peut avoir sur nos vies

Le manque d'acceptation de soi peut être causé par plusieurs raisons. Dans la question psychologique, cette raison naît souvent dans la période de l'enfance.

Pendant cette période, nous nous développons en tant que personne et certaines situations peuvent finir par affecter ce processus d'acceptation de soi au fil des ans.

Les expériences d'un enfant qui est attaqué ont souvent tendance à le faire grandir en pensant qu'il y a quelque chose qui ne va pas chez lui.

Et ce sentiment peut finir par être porté tout au long de votre vie et s'exprimer davantage lorsque vous atteignez l'âge adulte, où les expériences et les opportunités nécessitent une plus grande intelligence émotionnelle.

L'adolescence est aussi une phase qui favorise les conflits personnels et qui peut affecter la personnalité des gens. L'intimidation, le manque de soutien parental, les complexes d'amitié et les pressions sociales, par exemple, peuvent être des facteurs qui développent des problèmes d'acceptation de soi à l'avenir.
L'une des caractéristiques les plus frappantes d'une personne qui ne s'accepte pas est le sentiment d'inadéquation.

Ils ont le sentiment que leur façon d'être et leur façon particulière de faire les choses sont toujours inappropriées, ce qui leur fait se sentir inadaptés dans les environnements qu'ils fréquentent.

Par conséquent, le processus d'acceptation de soi n'est pas toujours facile et rapide. Ainsi, il est nécessaire de traiter et de déconstruire des années de conditionnement social.

L'individu qui n'a pas d'acceptation de soi souffre excessivement de ne pas être ou de ne pas réaliser ce que ses attentes veulent. C'est-à-dire qu'il se punit pour tout ce qu'il considère comme mal et il vit constamment avec un sentiment de culpabilité.

Ainsi, la personne se blâme pour tout et se sent mal de ne pas rencontrer les fantasmes des autres et les siens.

Une personne qui ne s'accepte pas à tendance à :

- Souffrir excessivement quand elle n'atteint pas les attentes qu'elle voulait, se martyriser, souffrir et se punir ;
- Exigeant beaucoup d'elle-même, elle est généralement trop perfectionniste et, lorsque ses plans tournent mal, elle a tendance à s'exiger au-delà de la normale. Elle a l'habitude de croire qu'elle doit toujours tout faire correctement ;
- Nourrir un profond sentiment d'inadéquation, croire que votre façon d'être et votre façon de faire est toujours mauvaise et néfaste, vous sentir dépaysé dans tous les environnements que vous fréquentez ;
- Vivre avec un sentiment constant de culpabilité et des pensées négatives sur elle-même, amenant cette personne à se blâmer pour tout et à se sentir mal à chaque fois qu'elle ne peut pas s'intégrer à quelque chose.

Chapitre 9 :
Apprendre À Aimer
ToutCe Que Son Corps A De Formidable

La saison la plus chaude de l'année arrive et elle s'accompagne du " projet d'été " - la recherche du corps " parfait ". Cette pensée selon laquelle il faut se plier à des normes imposées pour être beau/belle est fausse, alors travailler pour l'éteindre est synonyme de liberté, d'acceptation et d'amour de soi. Cependant, être capable de se déconstruire à partir de schémas n'est peut-être pas si simple, mais quelques conseils ci-dessous peuvent vous aider à démarrer cette évolution par vous-même.

Aime ton corps aujourd'hui

Tout d'abord, vous devez être conscient que la perfection n'existe pas. Parfois, les photos sur les réseaux sociaux montrent des corps irréels avec des retouches excessives, des choix d'angles, de maquillage et poses sous la lumière, qui aident à exclure les "imperfections". Par conséquent, vous comparer à ce que vous voyez à l'écran est injuste pour vous et votre histoire.

Éviter la haine et les exigences excessives envers votre corps est la base de l'amour-propre. De plus, ces sentiments ne pourront pas changer les résultats, ils ne feront que causer plus de désagréments et rendre votre processus difficile.

Être bien avec votre corps aujourd'hui est la première étape, y compris vouloir changer quelque chose à l'avenir. Donnez-lui l'acceptation, la compréhension et l'amour, quelles que soient les "imperfections".

Choisissez votre partie préférée

Regardez-vous profondément dans le miroir et trouvez votre partie préférée de votre corps, cela pourrait être n'importe quelle partie. Après cela, concentrez-vous sur ce domaine et profitez-en quotidiennement, félicitez-vous. Faire attention à ce que vous aimez dans votre corps actuel est un bon moyen de vous faire apprécier votre beauté et, par conséquent, de vous accepter.

Soyez honnête avec vos sentiments

La pratique peut être simple, mais développer une pensée positive sur votre corps peut être un processus lent qui nécessite de la patience et de la persévérance. Alors ne vous mentez pas en disant que tout va bien ou que vous acceptez déjà tout, si ce n'est pas la réalité.

Il est beaucoup plus puissant de trouver une déclaration ou une pensée en laquelle vous croyez vraiment, comme *"J'apprends à aimer mon corps"* ou *"Je suis sur le point d'aimer mon corps et j'apprécie ce qu'il fait pour moi au quotidien."* Ces affirmations conscientes et vraies peuvent vous aider dans le processus, car être honnête fait que votre subconscient reçoit ces messages et commence à chercher plus de détails qui vous plaisent.

Supprimez ce qui vous blesse

Si vos réseaux sociaux sont constitués d'influenceurs aux corps "standards", aux vies "parfaites" et réussies, cela peut servir de déclencheur et nourrir vos sentiments de culpabilité, d'accusation et de comparaison. Autrement dit, ils ne contribuent pas à votre processus, donc la meilleure chose à faire est de supprimer ce qui vous dérange. Changez ces profils avec des personnes auxquelles vous vous identifiez.

Sois gentil avec toi
Pour avoir un équilibre, la déconstruction des motifs va au-delà de l'esthétique. Vous devez travailler ensemble votre corps et votre esprit.

Gardez à l'esprit que le corps subira de nombreux changements au fil des ans, alors au lieu d'être dur avec vous-même, comprenez que la vie est bien plus que la taille de votre bassin ou la texture de vos cheveux. Appréciez vos qualités, donnez-vous de l'amour et pardonnez-vous pour la façon dont vous avez traité votre corps, soyez reconnaissant de l'avoir et prenez-en soin.

Lorsque vous apprenez à vous aimer pour qui vous êtes vraiment, l'impact sera positif à tous points de vue.

Lâcher prise est notre meilleure preuve d'amour
Nous souffrons beaucoup lorsque nous résistons aux changements amoureux, mais nous pouvons inverser cette situation en fonction de notre capacité à continuer à aimer et à accepter la liberté d'être aimé. Ne résistez pas, lâchez prise et cela vous apportera beaucoup de paix intérieure.

Apprendre à lâcher prise nous libère et fait de la place pour que l'amour coule.
On s'aime quand on se donne l'opportunité de recommencer et quand on reste réceptif à l'opportunité d'apprendre de nouvelles façons d'aimer, en profitant de notre capacité naturelle à vivre intensément nos sentiments.

L'essence de toute la beauté dont nous faisons l'expérience est la liberté elle-même. Si nous sommes capables de lâcher prise, nous marcherons sur le chemin du bonheur et de l'amour.

Apprenez à aimer votre corps maintenant
Les principales raisons pour lesquelles vous aimez votre corps, tel qu'il est !

1. Vous êtes unique !
Personne n'est égal à personne. Chacun est incroyable à sa manière. La beauté de la vie est d'être toujours différent de l'autre.

2. Il représente votre histoire
Chaque marque ou cicatrice montre quelque chose qui vous est arrivé - votre corps est un portrait des phases de votre vie, bonnes ou mauvaises. Et beaucoup de nos caractéristiques physiques sont héritées de nos proches, faisant partie de notre histoire familiale.

3. C'est votre partenaire pour toujours
Votre corps est votre compagnon de tous les instants. Il vous permet de tout vivre et de tout ressentir - la brise sur votre visage, les saveurs et les arômes que vous aimez le plus.

Commencez à exercer l'amour de soi aujourd'hui :

- Évitez les comparaisons. Nous avons tous des forces et des faiblesses !
- Fini l'idée de perfection, ça n'existe pas.
- Soyez honnête avec vous. Si vous n'aimez pas quelque chose, n'essayez pas de le cacher ou de le nier. Comprenez plutôt pourquoi.

- Attitude ! Bougez pour améliorer votre qualité de vie et votre estime de soi.

- Louez-vous. Soyez gentil avec vous-même, remarquez ce que vous aimez lorsque vous vous regardez dans le miroir et chérissez-le.

- N'y pensez pas trop ! Ses qualités incluent son apparence physique, mais il n'y a pas qu'elle.

Chapitre 10 :
Penser Et Investir Dans Son Bien-Être

Une routine de soins personnels vous aide à atteindre une meilleure qualité de vie

Être en bonne santé va bien au-delà de l'absence de maladie. Selon l'Organisation mondiale de la santé (OMS), le concept est lié au bien-être physique et mental, en plus des aspects sociaux d'une personne. En d'autres termes, la qualité de vie concerne l'ensemble des gestes quotidiens qui contribuent à l'équilibre.

Aujourd'hui nous apportons de précieux conseils qui contribueront à améliorer la qualité de vie. Restez avec nous et apprenez à inclure de bonnes habitudes dans votre routine.

Qu'est-ce que le bien-être physique et mental ?

Le bien-être signifie la santé au sens le plus large, activement et sous tous ses aspects.

Le bien-être physique est l'état général du corps par rapport aux pathologies et à la vigueur physique, c'est-à-dire l'absence de maladies associées à un bon fonctionnement du métabolisme. Cela signifie avoir le souffle pour marcher ou la force d'effectuer une activité quotidienne, mais sans inconfort en fin de journée.

Le bien-être mental, quant à lui, est l'équilibre émotionnel entre les expériences internes et externes, c'est-à-dire qu'il est lié à la façon dont nous gérons les émotions.

Bien que le stress, l'anxiété et la tristesse soient des sensations courantes dans la vie de tous les jours, ils ne peuvent pas interférer avec notre routine. Lorsque cela se produit, cela peut être le signe d'un trouble psychique.

Conseils pour améliorer le bien-être physique et mental

Comment atteindre le bien-être physique et mental ? Il n'y a pas de solution magique et pas de recette toute faite ; c'est un processus continu. Mais le processus peut commencer par une auto-analyse ou un questionnement sur les choses qui sont bonnes pour vous.

La liste ci-dessous apporte quelques suggestions qui peuvent contribuer à votre qualité de vie. Suivez les conseils et repensez vos habitudes.

Avoir une alimentation équilibrée

Ce que vous mangez à un impact direct sur votre bien-être physique et mental. Les meilleurs aliments sont capables de donner de l'énergie, de nettoyer les toxines et de protéger le corps contre les maladies.

Mais savez-vous ce qu'est une alimentation équilibrée ?

Le *Guide alimentaire* pour la population française, publié par le ministère de la Santé, clarifie le sujet et propose également des stratégies pour *une alimentation plus saine*. Pour un menu bien conçu et équilibré, en fonction de vos besoins, consultez un nutritionniste.

L'un des points principaux du guide est l'appréciation des *aliments* naturels, tels que les légumes, les fruits, les œufs et le lait. Ce sont les options qui viennent toutes faites de la nature. En plus d'être savoureuses, elles apportent *une nutrition essentielle*.

Il est conseillé de réduire la consommation de produits contenant beaucoup de sodium, de sucres et de graisses saturées. Généralement, ces produits sont pauvres en nutriments sains et peuvent entraîner des maladies telles que l'hypertension, le diabète et l'obésité.

Pratiquer une activité physique
Selon l'OMS, la pratique régulière d'une activité physique améliore plusieurs aspects physiologiques. Elle est associée à *une diminution de la mortalité par* maladies cardiovasculaires et à une réduction de l'incidence de certains types de cancer. Elle peut également soulager les symptômes de dépression et d'anxiété, ce qui en fait un excellent allié pour le bien-être physique et mental.

Les directives de l'OMS pour l'activité physique et les comportements sédentaires rassemblent des informations ciblées qui expliquent plusieurs doutes sur le sujet. Le document explique également quels sont les *exercices les plus recommandés* à chaque étape de la vie.

À l'âge adulte, par exemple, il est important de pratiquer au moins 150 minutes d'activité aérobique modérée par semaine. Nous pouvons citer la marche, le vélo et la danse, comme quelques bons exemples.

Pour des bienfaits supplémentaires, le renforcement musculaire est recommandé. La musculation, au moins deux fois par semaine, sera bonne pour la *fermeté des muscles, la* souplesse, l'équilibre et la vigueur physique à long terme.

Rappelez-vous : faire n'importe quelle activité physique vaut mieux que rien du tout. Commencez par de *petites actions*, comme remplacer l'ascenseur par les escaliers.

Boire de l'eau

Le remplacement des fluides permet aux systèmes du corps de fonctionner correctement. En plus de vous garder hydraté, l'eau potable aide à réguler la température corporelle, améliore la fonction intestinale et rénale, réduit l'enflure, améliore la circulation sanguine et présente de nombreux autres avantages.

Le *Guide alimentaire* pour la population française souligne que personne ne peut survivre sans eau. Cependant, la quantité nécessaire à l'organisme dépend de facteurs tels que le poids, la température ambiante et la routine.

Le conseil est de boire au moins 2L d'eau pure chaque jour. Si vous préférez, remplacez-le par du café ou du thé de temps en temps, mais attention à ne pas en abuser avec du sucre.

La plupart des aliments *in natura* ont également une forte teneur en liquide dans leur composition. Ainsi, en maintenant une alimentation équilibrée, vous assurez toujours une hydratation quotidienne. La pastèque, l'orange et le melon se distinguent parmi les fruits les plus liquides. Une assiette de riz et de haricots, en revanche, contient deux tiers d'eau après la cuisson.

Bien dormir

Une enquête menée en 2019 par *l'Association française du sommeil* a souligné ce que font les adultes avant de se coucher.

La plupart des participants ont répondu qu'ils utilisaient des appareils électroniques (64,9%), regardaient la télévision (59,1%) ou restaient au lit en pensant à des problèmes non résolus (31,5%).

Mais ces habitudes sont mauvaises pour la qualité du sommeil. L'exposition à l'écran du téléphone portable, par exemple, maintient le cerveau en état d'alerte, inhibant la production de mélatonine, une hormone qui induit la somnolence.

Le résultat est une nuit blanche. Au fil du temps, le manque de repos adéquat peut compromettre la santé. Prenez soin de vous.

Des signes comme la fatigue, le manque de concentration et l'irritabilité vous alertent sur un manque de repos. Évitez donc d'utiliser des appareils électroniques avant de vous coucher. Il est également inévitable d'éliminer la caféine et l'alcool le soir.

Cultiver de bonnes relations sociales
Les amitiés peuvent être aussi importantes pour le bien-être physique et mental que l'alimentation ou l'activité physique. Une méta-analyse menée par des scientifiques britanniques, publiée en 2010, confirme cette hypothèse.

Les chercheurs ont comparé les résultats de 148 études, qui impliquaient un total de 308.849 participants. Les données croisées ont montré que les personnes ayant des liens sociaux forts ont 50% plus de chances de survivre à la maladie que les individus solitaires. Cet indice est indépendant de variables telles que l'âge, le sexe et les conditions de santé préexistantes.

L'évolution humaine prouve les résultats. C'est la vie communautaire qui a aidé nos ancêtres à affronter les dangers de la Terre préhistorique.

Préserver ses soins

En plus d'une alimentation saine et de l'activité physique, d'autres habitudes de soins personnels contribuent au bien-être. Voici quelques attitudes qui peuvent apporter de bons résultats à long terme :

– Ne pas fumer ;
– Éviter l'abus d'alcool ;
– Adopter de bonnes habitudes d'hygiène ;
– Utiliser les médicaments de manière responsable ;
– Procéder périodiquement à des examens préventifs.

Vous pouvez toujours ajouter d'autres éléments à la liste. Avez-vous essayé une méditation relaxante ou un nouveau passe-temps ? De courtes pauses, sans travail ni tâches ménagères sont indispensables pour se ressourcer et améliorer son bien-être !

Connaissez vos limites

Comme nous l'avons dit plus tôt, il n'y a pas de recette pour atteindre le bien-être physique et mental. Chaque individu réagit différemment aux stimuli.

Peut-être que vous vous sentez bien après six heures de sommeil et que vous êtes la première personne de la maison à se réveiller. Alors, prenez votre temps et allez-vous promener. En même temps, votre sœur ou votre père peut faire partie de ceux qui font la grasse matinée, préfèrent les jus de fruits et ne s'entraînent que la nuit. Il est à noter qu'il n'y a pas de règle, chacun doit adapter les conseils à sa réalité.

L'important est d'essayer les alternatives pour voir ce qui fonctionne pour vous.

Quand demander l'aide d'un professionnel ?

Les conseils que nous avons rassemblés dans l'article d'aujourd'hui peuvent contribuer à votre bien-être, mais ils ne fonctionnent que jusqu'à certaines limites. Comme chaque personne réagit différemment, il est parfois préférable de développer un régime alimentaire et un programme d'exercices personnalisés. Alors, si nécessaire, faites appel à un professionnel du domaine.

Chapitre 11 :
Passer Du Temps
De Qualité Avec Soi-Même

Réservez-vous du temps spécial (même si ce n'est que quelques minutes par jour)

Écoutez votre corps et votre cœur - de quoi avez-vous le plus besoin en ce moment ? Quelle habitude quotidienne pouvez-vous inclure dans votre routine ?

Nous savons qu'à différentes étapes de la vie, nous finissons par nous placer à la deuxième, troisième, sixième, vingtième place dans le classement d'importance dans notre propre vie.

C'est compréhensible et même socialement attendu des parents lorsqu'un enfant arrive, tant cela est charmant et dépendant. Nous avons besoin et voulons leur consacrer notre temps, notre attention, notre santé, toutes nos ressources financières, physiques et émotionnelles. Pour beaucoup de gens, les enfants sont leur seul but, leur raison d'être, ce qui nous incite à nous lever tôt le matin et à nous battre.

En ces temps passés de quarantaine, lorsque les enfants et les adolescents ne vont pas à l'école et que de nombreux pères et mères travaillent à domicile, de nombreuses personnes vivent avec leur famille plus intensément que jamais. Pour ceux qui ont des enfants, les moments d'intimité et de calme sont rares. Le bon côté est le renforcement des liens familiaux, la connexion, la proximité, l'expérience de passer du temps de qualité ensemble et la possibilité d'enseigner des compétences de vie, de développer des compétences socio-émotionnelles chez les enfants. Le plus dur, ce sont tous les conflits auxquels nous sommes confrontés au quotidien dans toutes les relations et qui sont encore plus évidents lorsque nous sommes confinés et restreints dans la liberté d'aller et venir. Sans parler du mélange de sentiments et d'émotions que chacun ressent.

Mais quand pouvons-nous alors nous mettre en premier dans nos propres vies ?

Quand on veut. Se réserver du temps de qualité pour soi est possible et nécessaire à toutes les étapes de notre vie et sera fondamental à l'âge adulte et même à un âge avancé où cette capacité d'autonomie et de soins personnels sera primordiale.

Alors n'attendez plus. Commencez dès aujourd'hui. Quel moment de la journée allez-vous réserver pour prendre soin de vous et faire quelque chose qui vous fait du bien ? Voici quelques suggestions pour investir du temps de qualité pour vous-même.

Pour ceux qui peuvent se relaxer quelques minutes par jour, cela vaut la peine de pratiquer la méditation, la prière ou l'autoréflexion ou juste une pause pour observer la nature, même s'il s'agit d'un petit bout de ciel et d'étoiles de votre fenêtre de l'appartement.

Pour ceux qui disposent de plus de quelques minutes : envisagez de préparer votre en-cas préféré et de le manger seul sans vous sentir coupable ; prendre un bain un peu plus long, sentir l'eau chaude sur votre corps, laver et masser chaque partie, avec conscience, en notant les éventuels points de tension. Ensuite, appliquez une crème hydratante, peignez vos cheveux, habillez-vous calmement, en appréciant vraiment chaque étape.

Que diriez-vous de faire une activité physique pendant environ 30 minutes : des étirements, un cours en ligne, monter et descendre des escaliers ou faire une marche rapide.

Pour ceux qui passent plus d'une heure par jour à être seuls avec eux-mêmes : envisagez de commencer ou de reprendre un passe-temps qui vous fait plaisir, étudier un sujet qui vous passionne, lire ce livre même poussiéreux sur une étagère, regarder un film ou une série seul ou tout simplement éteindre tout, avertir tout le monde et faire une sieste.

Le temps en tant qu'unité est compté en secondes, minutes, heures, jours, années, décennies, etc. Cependant, notre perception du temps peut être complètement différente.

Il y a des heures qui semblent prendre des secondes pour passer, tout comme les secondes semblent parfois une éternité. (Qui ne s'est jamais perdu dans une après-midi de romance...)

Le temps, de la même manière qu'il est objectif et mathématiquement calculable, est aussi relatif lorsque l'on tient compte de nos sentiments et émotions à chaque instant.

Chaque jour, nous gagnons 24 heures, elles sont les mêmes pour tout le monde, elles ont un début, un milieu, une fin, et elles suivent leur flux indépendamment de ce que nous faisons ou non, jusqu'à ce qu'elles donnent leur tour au lendemain.

Aujourd'hui, nous vivons dans quelque chose de complètement différent de ce qu'ont vécu nos ancêtres : l'ère de l'instantané.

Le grand danger de tout cela est que nous nous perdions au milieu de tant d'informations, de rapidité et de divertissement et que nous nous laissions engloutir.

Être conscient de l'utilisation que vous faites de votre temps au quotidien (pas seulement pendant les vacances et les week-ends) est le seul moyen d'avoir de l'espace pour vraiment vivre, ressentir, aimer, briller, sourire, jouer, faire l'expérience d'être.

Maintenant une question qui mérite toute votre attention :

À quand remonte la dernière fois où vous avez vraiment apprécié votre temps avec les personnes qui vous sont chères au point où vous avez même oublié que cela existait ?

Quand vous étiez vraiment présent, pleinement, sans vous souvenir de votre emploi du temps, sans envoyer de messages, sans regarder l'écran hypnotique de votre smartphone, sans planifier ni vous soucier du lendemain, sans regarder l'horloge, juste être avec des gens en entièreté.

L'un des fondements du bonheur est d'être avec des gens qui comptent pour nous. Mais être ne signifie pas seulement être présent dans un corps. C'est être pleinement, avoir la qualité de sentir et de profiter de la compagnie, d'écouter et d'être entendu, de se serrer dans ses bras sans se presser, de rester ensemble, de sourire, d'aimer, tout cela en laissant de côté la folie et les exigences externes et internes du quotidien. C'est du temps de qualité !

Connectez-vous davantage avec les personnes que vous aimez, même si ce n'est que pour quelques minutes de votre journée ou de votre semaine. Vous vous en remercierez.

N'oubliez pas que le temps de qualité est également nécessaire de vous à vous-même, cela inclut faire des choses que vous aimez. Et encore une fois, c'est la qualité qui fait la différence, alors ce pourrait être juste une heure ou deux par semaine, le temps de prendre soin de vous et de profiter des avantages de votre effort constant.

Vous savez la chose la plus étonnante à propos de tout cela ?

Vos relations s'amélioreront car, les gens seront beaucoup plus heureux et plus reconnaissants de sentir qu'ils comptent vraiment pour vous. Et quand il sera temps de retourner au travail, vous vous sentirez plus léger et plus concentré, car vous saurez que vous avez appris à apprécier et à valoriser votre temps précieux.

Occupez des espaces de votre emploi du temps avec des choses qui vous rendent heureux, cela vous rendra plus reconnaissant.

Chapitre 12 :
Développer Une Bonne Confiance En Soi

La confiance en soi est définie comme un sentiment de confiance dans les capacités, les qualités et les jugements d'une personne. La confiance en soi est importante pour votre santé et votre bien-être psychologique.

Avoir une bonne confiance en soi peut vous aider à réussir dans votre vie personnelle et professionnelle. Lorsque vous croyez en vous, vous serez plus disposé à essayer de nouvelles choses. Que vous postuliez pour une promotion ou que vous vous inscriviez à un nouveau cours, croire en vous est essentiel pour vous mettre dans des situations sans crainte.

Bienfaits sur la confiance en soi

Lorsque vous avez confiance en vous, vous pouvez consacrer vos ressources à la tâche à accomplir. Au lieu de perdre du temps et de l'énergie à vous soucier de ne pas être assez bon, vous pouvez consacrer votre énergie à vos efforts. Ainsi, en fin de compte, vous obtiendrez de meilleurs résultats lorsque vous vous sentirez en confiance.

Heureusement, il y a des choses que vous pouvez faire pour augmenter votre confiance en vous. Si vous manquez de confiance dans un domaine spécifique ou si vous vous efforcez constamment d'avoir confiance en quoi que ce soit, quelques stratégies peuvent vous aider.

Dans la plupart des cas, avoir confiance en soi est une bonne chose. Les personnes confiantes ont tendance à mieux réussir dans une grande variété de domaines. C'est ce fort sentiment de confiance et d'estime de soi qui permet aux gens de sortir dans le monde et d'atteindre leurs objectifs.

Comment développer la confiance en soi

Les gens ont généralement tendance à faire face au problème de la faible confiance en soi. Pour beaucoup d'entre nous, la confiance semble être un trait de personnalité. Nous supposons que si nous ne naissons pas avec, nous n'avons pas de chance. Certains d'entre passeront notre vie à poursuivre constamment certains objectifs en supposant qu'une fois que nous aurons accompli cette chose, nous nous sentirons soudainement bien dans notre peau.

Cependant, ces hypothèses sont toutes fausses. La confiance en soi demande de la pratique et doit venir de l'intérieur. Le monde nous donne parfois une confiance tangible grâce à notre travail acharné. Mais si nous n'avons pas une base solide de confiance en nous, tout sentiment de fierté ou d'accomplissement sera de courte durée.

De plus, nous devons aider les gens à développer des niveaux sains de confiance et d'estime. Les féliciter pour leurs efforts n'est qu'une partie du puzzle. La confiance vient également de l'amour et du soutien de personnes de confiance, ainsi que d'un système de guidage solide qui équilibre les récompenses avec des limites appropriées. Dans de tels contextes, les gens sont capables d'explorer le monde, de découvrir leurs forces et leurs limites personnelles et de développer leur capacité à s'autoréguler.

La confiance en soi ne peut pas être développée du jour au lendemain, elle nécessite une application continue et persistante. Si vous faites de petites choses une à la fois et régulièrement, vous arriverez sûrement là où vous voulez être. Pour vous assurer que votre confiance en vous est réaliste, authentique et socialement appropriée, vous pouvez commencer par certaines des attitudes quotidiennes que vous voyez ci-dessous.

1. Arrêtez de vous comparer aux autres

Que vous compariez l'apparence de vos amis sur Facebook ou que vous compariez votre salaire à celui de vos amis, les comparaisons sont malsaines. Une étude publiée en 2018 intitulée *« Personnalité et différences individuelles »* a trouvé un lien direct entre l'envie et la façon dont vous vous sentez.

Les chercheurs ont découvert que les personnes qui se comparaient à d'autres personnes ressentaient de l'envie. Et plus ils se sentaient jaloux, plus ils se sentaient mal. Faites attention aux moments où vous comparez votre richesse, vos possessions, vos compétences , vos réalisations et vos attributs. Penser que les autres sont meilleurs ou qu'ils ont plus va éroder votre confiance en vous.

Lorsque vous vous retrouvez à faire des comparaisons, rappelez-vous que cela ne sert à rien. Chacun mène sa propre course et la vie n'est pas une compétition.

2. Prenez soin de votre corps

Il est difficile de se sentir bien dans sa peau si on abuse de son corps. Éviter de dormir , avoir une alimentation malsaine et s'abstenir de faire de l' exercice nuira à votre bien-être.

Des études montrent systématiquement que l'activité physique augmente la confiance. Une étude de 2016 a conclu que l'activité physique régulière améliorait l'image corporelle des participants. Et lorsque leur image corporelle s'est améliorée, ils se sont sentis plus confiants. Faire des soins personnels une priorité. Lorsque vous vous sentirez mieux physiquement, vous vous sentirez automatiquement plus sûr de vous.

3. Pratiquez l'auto-compassion

L'auto-compassion implique de vous traiter avec gentillesse lorsque vous faites une erreur, échouez ou rencontrez un revers. Dire du mal de vous-même ne vous motivera pas à faire mieux. En fait, des études montrent que cela a même tendance à avoir l'effet inverse.

Une étude a révélé que l'auto-compassion contribue à une confiance plus constante. Penser que tout le monde fait parfois des erreurs au lieu de s'en vouloir peut vous aider à vous sentir bien, même lorsque vous ne faites pas une tâche aussi bien que vous l'espériez.

Au lieu de vous blâmer ou de vous insulter, essayez de vous parler comme si vous parliez à un ami de confiance. Accordez-vous une pause, souriez et souvenez-vous que personne n'est parfait.

4. Embrassez le doute

Parfois, les gens arrêtent de faire des choses, comme demander à quelqu'un un rendez-vous ou demander une promotion, jusqu'à ce qu'ils se sentent plus en confiance. Mais parfois, la meilleure façon de gagner en confiance est de le faire.

Entraînez-vous à affronter certaines de vos peurs qui découlent d'un manque de confiance en vous. Si vous avez peur de vous mettre dans l'embarras ou si vous pensez que vous allez vous tromper, essayez quand même. Cela ne signifie pas que vous ne devriez pas vous préparer ou vous entraîner, bien sûr. Si vous allez faire un long discours, par exemple, entraînez-vous devant vos amis et votre famille pour gagner en confiance.

Mais n'attendez pas d'être sûr à 100% avant de passer à autre chose. Vous n'y arriverez peut-être jamais. Heureusement, embrasser un peu de doute peut en fait vous aider à mieux performer.

5. Mener des expériences comportementales

Lorsque votre cerveau vous dit que vous n'avez rien à dire lors d'une réunion ou que vous n'êtes pas en forme pour faire de l'exercice, rappelez-vous que vos pensées ne sont pas toujours exactes. Et parfois, la meilleure façon de gérer le discours intérieur négatif est de contester ces déclarations.

Essayez de faire des choses que votre cerveau vous dit que vous ne pouvez pas faire. Dites-vous que ce n'est qu'une expérience et voyez ce qui se passe. Vous constaterez peut-être qu'être un peu anxieux ou faire quelques erreurs n'est pas aussi grave que vous le pensez. Et chaque fois que vous avancez, vous pouvez gagner plus de confiance en vous.

6. Éliminer les pensées négatives et inquiétantes

Arrêtez de vous inquiéter et de développer des pensées négatives , de vous soucier constamment des circonstances et de vous sentir sans valeur. Si vous pouvez changer les choses pour le mieux, faites simplement ce que vous pouvez. Et si vous ne pouvez rien y faire, pourquoi tous ces soucis constants ?

Laissez les choses suivre leur cours. Si vous ne l'avez pas eu cette fois, tentez votre chance la prochaine fois ou essayez autre chose. Les pensées négatives sont très préjudiciables au développement et au bien-être d'une personne.

Éviter les pensées négatives et cultiver quotidiennement des pensées positives peut vous conduire sur la voie d'une grande confiance en vous. Prendre rendez-vous avec un psychologue spécialisé dans la psychologie positive peut vous y aider.

7. Profitez du moment que vous vivez

Cela peut être difficile pour beaucoup d'entre nous, mais la meilleure façon de prendre confiance en soi et de réussir dans la vie est aussi de se concentrer pleinement sur le moment dans lequel nous vivons. S'autoriser à penser aux mauvais moments ou à quelque chose de désagréable qui s'est passé pendant la journée ne fera que déclencher des pensées négatives en nous et cela nuit fortement à notre confiance en soi.

Alors vivez le moment présent, prenez soin de vous, essayez d'en tirer le meilleur parti et profitez-en. De cette façon, vous profiterez au maximum de chaque occasion et vous vous sentirez beaucoup mieux dans votre peau et dans l'environnement dans lequel vous vous trouvez. Alors ne tournez pas votre esprit vers des pensées extérieures, où que vous soyez.

8. Rappelez-vous que la vie est courte et précieuse

Rappelez-vous tous les jours que la vie est trop courte et que vous n'aurez peut-être jamais de seconde chance. Profitez donc des premières opportunités qui s'offrent à vous. Agissez avec confiance en vous et croyez que vous pouvez réussir, même lorsque cela semble être une possibilité lointaine.

Travaillez chaque jour, même de manière modeste, pour réaliser vos rêves et profiter de chaque instant que vous vivez. Écoutez votre cœur et faites de votre mieux pour l'amener là où il veut vraiment aller. Ne minez jamais le pouvoir de la confiance en soi. Vous êtes ce que vous ressentez et agissez. Faites les choses que vous aimez faire, tant qu'elles n'interfèrent pas avec la capacité de quelqu'un d'autre à faire de même.

Tout le monde est confronté à des problèmes de confiance à un moment ou à un autre. Mais si vos problèmes de confiance en vous interfèrent avec votre travail, votre vie sociale ou vos études, cela peut signifier qu'il est temps de se remobiliser.

Parfois, une faible confiance en soi découle d'un problème plus grave, comme un événement traumatisant du passé.

CONCLUSION

Un des grands problèmes de notre société est de ne pas savoir accepter son propre corps.

Dans une période où la recherche des soi-disant « standards de beauté » est de mise, principalement à cause des réseaux sociaux, les gens finissent par ne pas s'accepter pour essayer d'apporter des changements qui vont au-delà des limites.

Accepter son propre corps est un processus qui demande beaucoup de patience et beaucoup de travail psychologique.

Cette acceptation est essentielle pour que la santé mentale des personnes s'améliore et pour qu'elles n'aient pas de conséquences négatives, comme la dépression et l'anxiété par exemple.

Les soins doivent être recherchés pour la santé et la qualité de vie, non pour répondre aux normes imposées par la société dans laquelle nous vivons, et qui ne sont pas toujours vraiment souhaitées par la personne.

La perception de soi ne consiste pas seulement à analyser et à comprendre les comportements, elle change ce que nous pensons de nous-même. Ce n'est pas facile, je pense que nous l'avons déjà dit, mais cela en vaut la peine.

Même si la théorie de la dissonance cognitive a inspiré de nombreuses études, une théorie encore plus simple peut expliquer le lien entre comportements et attitudes.

Pensez, par exemple, aux insinuations que nous faisons sur les attitudes des autres : nous voyons comment une personne agit dans une situation spécifique et attribuons ensuite le comportement à ses caractéristiques et attitudes ou aux forces de la nature. Si nous voyons des parents obliger leur enfant de 10 ans à s'excuser, nous attribuons ces excuses à la situation plutôt qu'à leurs propres regrets personnels. La théorie de la perception de soi suggère que nous faisons des inférences similaires lorsque nous observons notre propre comportement.

Nous pouvons aussi dire qu'un régime alimentaire est beaucoup plus complexe que de simplement s'asseoir à table et de manger les aliments dont nous disposons. Il est nécessaire d'équilibrer l'apport en nutriments avec notre demande énergétique afin que nous n'ayons pas de manque ou d'excès de nutriments. Aucun extrême n'est sain.

Vous ne savez pas si vous mangez des aliments sains ou non ? Remarquez combien vous épluchez les aliments et combien vous déballez les aliments prêts à manger.

Plus nous consommons d'aliments prêts à l'emploi, qui contiennent une très grande quantité de conservateurs, plus nous nuisons à notre santé.

Ayez de saines habitudes, consommez des légumes, des légumineuses, des viandes saines, des glucides de qualité et réduisez la consommation de produits industrialisés. Buvez de l'eau régulièrement pour que votre corps fonctionne mieux.

Enfin, ayez une vie active. Marchez, faites du vélo, montez les escaliers, ne passez pas trop d'heures assis ou dans la même position. N'oubliez pas : nous devons maintenir un équilibre entre une bonne alimentation et l'activité physique.

Rattraper ces habitudes et comportements peut être une activité difficile pour de nombreuses personnes, car ces pensées automatiques insistent pour envahir l'esprit, en particulier dans les moments difficiles.

Mais ce n'est pas une tâche impossible et vous pouvez compter sur une aide psychologique professionnelle pour ne pas abandonner ce processus.

La psychothérapie est fondamentale pour aider les gens à faire face à ces pensées destructrices qui les empêchent de rechercher l'acceptation de soi et d'aider à l'intelligence émotionnelle.

La thérapie cognitivo-comportementale (TCC) est l'une des meilleures approches pour aider les personnes qui ont des problèmes d'acceptation.

Ce type d'approche aide à faire face à ces mauvaises pensées que nous avons enracinées en nous, comme croire que nous sommes de mauvaises personnes, que nous ne méritons pas le meilleur et que nous ne pouvons pas réaliser de bonnes choses.

Le processus thérapeutique, en collaboration avec un psychologue, est transformateur pour ce processus d'acceptation de soi.

En effet, cela nous aide à comprendre nos faiblesses et notre potentiel, nous aidant ainsi à voir ce que nous ne pouvons souvent pas faire par nous-mêmes.

Cette difficulté à s'accepter peut-être liée à la douleur émotionnelle que nous portons en nous et qui se reflète dans nos comportements.

Cela finit par amener notre esprit à développer des mécanismes de défense qui contribuent à notre manque d'acceptation de soi.

C'est pourquoi il est si important de renforcer l'intelligence émotionnelle, car cela vous aidera à comprendre les raisons qui vous empêchent de vous accepter et de reconnaître vos valeurs, en vivant toujours à la merci des autres.

Printed by Amazon Italia Logistica S.r.l.
Torrazza Piemonte (TO), Italy

55115254R00063